聆听汉字之美

饮食字传

Tales of the Words
for Chinese Cuisine

烹制篇

Cooking Methods

张一清 著
梁 艳 读

山东友谊出版社

扫描收听本册图书有声版

序言

民以食为天，这是从古至今流传数千年的一条最朴素的真理。小到个人，大到人类，生存和发展的首要条件确实是必须填饱肚子。与此同时，两千多年前孔夫子的一句“食不厌精”，算是承启了中华美食代代相传、生生不息的薪火。因此，我们才有幸生活在一个以美食著称的国度里。

日常饮食，无论是妈妈的味道、大厨的手艺，还是小夫妻对照各式菜谱照葫芦画瓢的“处女”之作，都可称之为美食。在品尝美食过程中，一般能引起我们关注和欣赏的，大抵是菜品本身的味道，或者多少也有一些菜品的色泽、形状等等，抑或再把视野稍稍扩大到碗碟杯盏。然而，可能很少有人会对与食物有关的字词发生兴趣。

殊不知，中华文明源远流长，上下几千年，其奥妙无穷的独特魅力之一，正是汉字承载了极其丰富的人文内涵与积淀，即所谓的点画天地、字里乾坤。就说能够给我们带来愉快感受的“香”字吧，它原本由“黍”和“甘”或者“禾”和“甘”构成，而“甘”最初描画的是舌头上面有东西，意思是能够品尝到的甜味；那么，“香”显然就意味着粮食所特有的那种清甜味道了。

由此可见，“香”首先指的是能够被味觉感受到的一种味道，后来才有了嗅觉也能感受到的气味这种意思。其次，用表示农作物的“黍”或“禾”构造表示美好滋味的“香”，一方面说明炊饭在我国的历史十分悠久，另一方面也说明我们中华民族自古就有重视农业的优良传统。

锄禾日当午，无数人用辛勤的汗水造就了餐桌上的饭香菜美；另一方面，大自然的鬼斧神工和技艺卓绝的众多园丁，也给我们营造出草木芬芳的生活环境。饭香花香汇聚交融、相辅相成，让我们的生活充满惬意与诗意。这不由得令我想起了《身边汉字·花草字传》成书的前前后后。

和《花草字传》的成书初衷一样，《饮食字传》也是着眼于身边的事物和日常的汉字，力图在平常生活中发现汉字和中华文化的不同寻常之处，并且梳理这些汉字的源流，为其作“传”。

《花草字传》问世后，宣传推广方面得到了许多朋友的热心帮助，我一直感念于心。

首先，感谢《中国汉字听写大会》总导演、我的好友关正文先生。《花草字传》的新书发布会，适逢关导的另一档走心节目《见字如面》录制前夕，百忙之中，他二话没说赶到发布会现场助阵。这样的朋友真是相当相当靠得住。

我还要向我的好友梁艳主播表示敬意，她那字正腔圆、娓娓道来的唯美声音确实为书增色不少，而且她在录音过程中一丝不苟、孜孜不倦的精神与努力令人钦佩，我们的合作愉快而有成效。

山东友谊出版社的姚文瑞、张继红、韩刚立、姜海涛等出版业翘楚，为前后两个《字传》的策划、编辑、出版、发行等事务，可谓费尽了心血。作为合作者，我敬佩他们和出版社其他同事的职业精神与素养，也感谢他们给予的鼎力支持与帮助。

按照惯例，每出一本小书，由于在写作过程中受到的关怀与帮助，特别是受到的教诲与指点，我都要感谢我的太太胡明女士和女儿张牧笛小姐。这次也不例外，只是又多了一层意思。这层意思是感谢她们二三十年如一日，让我在赞美鼓励声中，义无反顾地爱上了蜗居中的三尺灶台，把自己变成了“下得厨房”的好男人，伙夫与吃货的潜质亦被大大激发。

最后，我必须对两套《字传》的读者朋友表示诚挚的谢意。如果《饮食字传》能够让你们口水涌动，能够让你们对汉字和中华文化产生更加浓厚的兴趣，那将是我最开心的事。期待你们不吝赐教。

张一清

2017 年 4 月 10 日

于海口至五指山途中

序言 II

从为《花草字传》配音开始，山东友谊出版社的好友姜海涛就约我写序，可自知才疏学浅，没有应承。转眼间《花草字传》出版已经一年的时间了，如今《饮食字传》即将付梓。写到“付梓”一词，脑海中马上跳出《花草字传》中的《梓》那篇文章，更加深切领悟到原来我的收获如此丰厚！也更坚定了我写这篇序的信心。

树高千尺不忘根，水流万里总思源。在这里，我所说的根和源，其一当然是张一清教授。至今仍然记得我们在河南安阳参加《汉字听写大会》录制时的场景。甫抵安阳，我和张教授一起观摩正在进行的大赛现场，并悄声议论着场上选手们的表现时，我发现张教授竟然能神奇预测出选手的易错点，不由钦佩其学识之渊博。过后才知道，张教授早有“谶哥”

之美誉。后来在《花草字传》一场场推介会上，我一次次现场聆听了张教授不重样的对汉字妙趣横生、引人入胜的讲解，并在他的引领下品味着汉字“一字一文化，一字一历史”的奥妙所在。

在拿到《花草字传》配音稿时，对于张教授信手拈来通今博古的知识点，我丝毫不敢懈怠。引经据典处、多音存疑时必查清楚问明白，恐怕那时数不清的提问叨扰了张教授，而张教授有问必答之谦恭，更让我钦佩其为人。尽管没有为《花草字传》写序，但我由衷写下了腰封上的推介语：张一清教授深入浅出地探究汉字前世今生，解析汉字内外乾坤，引经据典生动翔实，融汇古今兼容并蓄。

追根溯源，还要感激好友龙朝朝。可以说，张教授写文我配音的首秀是在龙朝朝的微信公众号上。她独具创意地联合张教授和我的优势，不仅扩大其公众号影响力，也为“身边汉字”系列丛书的出版埋下伏笔。

更要感激好友姜海涛。2004 年出版的我的个人文学作品集《另岸的风景》，便是海涛担纲策划、美编，至今翻看仍匠心独运，她在专业领域的功底可见一斑！而她不仅没有止步不前，还挺立潮头，敏锐地捕捉到汉字推广前景以及文配音形式潜在的影响力，在山东友谊出版社的大力支持下，迅速组织专门团队，不计成本、不求回报、全情投入，不仅推出“身边汉字”系列丛书，更有月历、丝巾等相关文创产品的问世，可以说硕果累累。

特别感谢山东友谊出版社领导姚文瑞、张继红、韩刚立，他们在前后两辑《字传》的整个出版、发行过程中给予鼎力支持。

特别感谢国家汉办副主任夏建辉，专门对《字传》的出版方向提出很多建设性意见；特别感谢尚爱传媒的好友雨浓，不仅在《职业女性》中安排了专访，还在北京青联的微信公众号中进行热心推介，日常生活中讷于言的我，尽管没有当面道过谢，却感念于心。

还要感谢好友李晶晶、中国新闻社的刘红、香港文汇报的杨帆、中国青少年计算机信息服务网的金锐，他们在图书的宣传报道中不遗余力擂鼓助威。

最后感谢姐姐梁莉，她联络各方资源，为图书推广出谋划策，是我强大的后盾。感谢胜似家人的田甜，感谢编辑陈菁在《饮食字传》录制过程中兢兢业业、严格把关，才使音频录制工作得以顺利进行。

感谢生命中有你，因为有你，我不待扬鞭自奋蹄；因为有你，我收获着友情、温暖和感动；因为有你，用辛勤的汗水浇灌出的花朵粲然绽放，点缀着来时路！

不忘初心，方得始终。

梁艳

2017 年 6 月

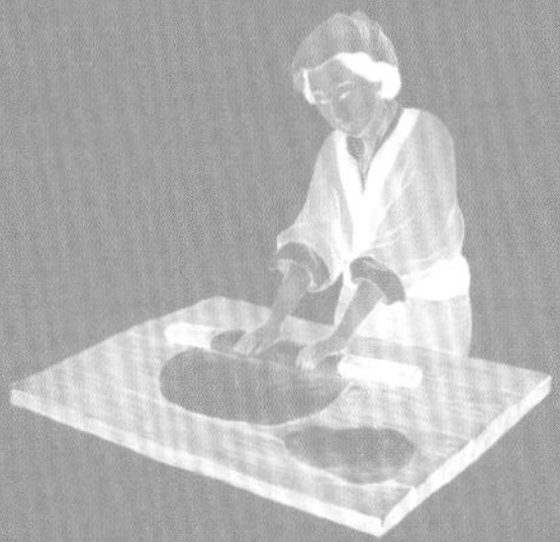

目录

煎 1

烹 13

调 25

炒 37

炝 51

熬 63

烘 77

和 91

炊 103

焖 115

酿 127

蒸 139

烧 151

熏 163

炸 177

切 191

擀 205

煎

jiān

煎

小篆

隶书

楷书

行书

“煎”这个字上面的“前”表示字的读音与它接近；下面的“灬”是“火”字的变形，表示字的意思与火有关。

许慎在《说文解字》中对“煎”的解释是：“熬也”，其他古代工具书中也有“熟煮”等释义。可见，“煎”最初意谓熬煮。

大文豪苏轼从古至今一直有着“美食家”的名号，在我辈俗人眼里简简单单的一锅粥，在他老人家所写的《豆粥》中，也是那么的“高大上”：“君不见滹①沱流澌②车折轴，公孙③仓皇奉豆粥。湿薪破灶自燎衣，饥寒顿解刘文叔。又不见金谷敲冰草木春，帐下烹煎皆美人。萍虀豆粥不传法，咄嗟而办石季伦。干

① 这个字读作 hū，“滹沱”是发源于山西省境内的一条河流的名字，属于海河的支流。

② 这个字读作 sī，本来指水尽。“流澌”的意思是江河解冻时流动的冰块，也指流水。这里指的是流水。

③ 这里的“公孙”指的是东汉开国名将冯异的表字。

戈未解身如寄，声色相缠心已醉。身心颠倒不自知，更识人间有真味。岂如江头千顷雪色芦，茅檐出没晨烟孤。地碓舂秔光似玉，沙瓶煮豆软如酥。我老此身无著处，卖书来问东家住。卧听鸡鸣粥熟时，蓬头曳履君家去。”

东坡先生首先回顾历史，讲了东汉开国帝王、表字“文叔”的刘秀和其属下于滹沱河畔煮粥的掌故；接着又提到了西晋文学家、表字“季伦”的富豪石崇，在其私人别墅“金谷园”中享用侍女用石家秘方熬煮的豆粥。这两样粥，一种是浴血沙场时饱腹的食物，一种是酒池肉林中点缀的肴馔，食材、工艺全无可比之处，但是却各逢其时，都是当时情形下进食者口中的美味。最后，东坡先生联系到老无定所的自己，化用诗圣杜甫诗句中的寓意，说自己也是通过卖书换得零用钱，在凌晨雄鸡报晓、东家的灶间伴随着炊烟飘出粥香时分，蓬头垢面、趿拉着鞋向东家踱步而去。

在“熬煮”的意义上，“煎”现在比较常见的用法是“煎药”，而“煎粥”一说从清代以后就已经十分罕用了。不过，古代常见的“煎茶”这类说法，现

林榭煎茶图卷
明
文徵明

在却仍然通行。

唐代诗人元稹有一首很有趣的宝塔诗《茶》，全诗是："茶。香叶，嫩芽。慕诗客，爱僧家。碾雕白玉，罗织红纱。铫④煎黄蕊色，碗转曲尘⑤花。夜后邀陪明月，晨前命对朝霞。洗尽古今人不倦，将知醉后岂堪夸。"

这是一首构思精妙、语句流畅、意蕴悠远、音律和谐的咏茶诗，诗人的题后小注为："以题为韵，同王起诸公送白居易分司东郡作。"很显然，这首诗是一众好友送别前往陪都洛阳履职的白居易，于饯行宴上所作的。诗中既写了茶美好的形貌，也写了文人、僧侣等爱茶之人的雅趣，还写了月色下与日出时

④ 这是个多音字，在这里读作 diào，指的是用来烧水或熬煮东西的器具。铫子，也作吊子。

⑤ 原本指酒曲上生出的霉菌，后来因为这种菌颜色淡黄，所以也表示嫩柳叶的淡黄色，亦可指柳树。在这里代指"茶"。

品茶的佳境，以及茶能解酒的功效。

除了“熬煮”，在古代工具书中，“煎”也有“火干”或者“火去汁”等意思，指的是一种通过加热来促使物体中的水分蒸发的方式。例如明代李时珍编著的《濒湖炮炙法》中记载：“干漆入药，须捣碎炒熟。不尔，损人肠胃。若是湿漆，煎干更好。”

现在，如果提到通过加热而使水分蒸发的相关食品，相信许多人会立刻联想到红遍大江南北的“煎饼”。这种面食源自山东，以其耐嚼、百搭、易于储存等特点备受追捧，而且由它衍生的另一种快餐式食品——煎饼馃子，更是由于其制作简易、口味多样且创新不断而广泛流行。

《聊斋志异》的作者蒲松龄想必也是这种面食的忠实“粉丝”，因为他老先生竟然有闲情逸致，专门创作了《煎饼赋》。这篇数百字的短文词句精当、亦庄亦谐，真正做到了雅俗共赏。

当然，文学巨匠创作这篇短文的动机，就像他在序中所写：“则煎饼之裨于民生，非浅鲜也。因为之赋。”由此可见，蒲松龄对民众的疾苦予以高度关注，

卖煎糕 清国京城市景风俗图

清

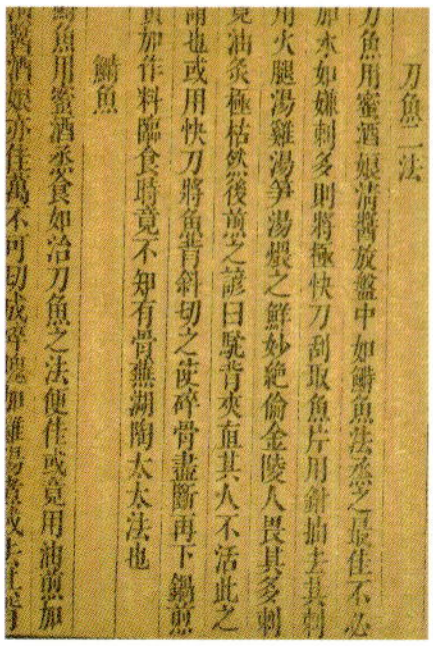

刀魚二法

刀魚用蜜酒釀清醬放盤中如鰣魚法蒸之最佳不必加水如嫌刺多則將極快刀刮取魚片用鉗抽去其刺用火腿湯雞湯筍湯煨之鮮妙絕倫金陵人畏其多刺竟油炙極枯然後煎之諺曰駝背夾直其人不活此之謂也或用快刀將魚背斜切之使碎骨盡斷再下鍋煎黃加作料臨食時竟不知有骨蕪湖陶大太法也

鰣魚

鰣魚用蜜酒蒸食如治刀魚之法便佳或竟用油煎加清醬酒釀亦佳萬不可切成碎塊加雞湯煮或去其背

随园食单 刀鱼二法

清

袁枚

因为煎饼属于粗茶淡饭，适合贫苦人充饥果腹，所以蒲松龄认为这种吃食对黎民百姓有益，并写了文章称颂它。

正宗的煎饼，是在加热的鏊子上摊匀面糊，烙热后冷却放置一段时间做成的，并可以用油再加热。至于煎饼馃子，在摊煎饼时，一般都要用少许油擦拭鏊子。恰好，“煎”这个字后来也的确有“把食物放在有少量热油的锅里，使之变黄、变脆”等意思。例如清代袁枚在其《随园食单》中写到河鲜刀鱼的烹制方法时，就有“将鱼背斜切之，使碎骨尽断，再下锅煎黄”这种方法。

再行一步

对于制作食物，无论是放油还是不放油，“煎”都是创造美味的良方，而且在古代，一种名为“甲煎”的物品还是名贵的香料，它既可以充当香熏，也可以采之入药，还能用作润唇的唇膏。

李时珍《本草纲目》中就曾记录：“甲煎，以甲香同沉麝诸药花物治成，可作口脂及焚爇也。唐李义山[6]诗所谓‘沉香甲煎为廷燎’者，即此。”

对于作为熏香的“甲煎”，不少文人都有写它的诗文。南北朝时期的庾信也曾在诗中写道：“上林春径[7]密，浮桥柳路长。龙媒[8]逐细草，鹤氅映垂杨。水似桃花色，山如甲煎香。”这几句诗写的是秦汉时期著名的皇家园林——上林苑。

提起该“苑”，相信绝大多数人都不陌生，虽然它仅仅存在了二百余年，但是扬雄的《羽猎赋》、司马相如的《上林赋》、班固的《西都赋》以及张衡的《西京赋》等千古名篇，已经足以令它名垂史册。

⑥“义山”是唐代诗人李商隐的字。这句诗取自《隋宫守岁》，其中的“廷”多作“庭”。

⑦原文用的是“径”的异体字“逕”。

⑧这里指用土等材料堆成的龙，用于祈雨等活动。这个词亦作良马名。

庾信所谓的“山如甲煎香”，仿佛让我们嗅到了漫山花草的芬芳。因此，不难想象这种香熏淡雅清新的香气。可是南宋文学家、雅号“竹坡居士”的周紫芝对这种熏香名品似乎并不买账，他在《汉宫春》中写的是：“香满箱奁，看沈犀弄水，浓麝含薰。荀郎一时旧事，尽属王孙。残膏剩馥，须倾囊、乞与兰荪。金兽暖，云窗雾阁，为人洗尽馀醺。依稀雪梅风味，似孤山尽处，马上烟村。从来甲煎浅俗，那忍重闻。苏台燕寝，下重帏、深闭孤云。都占得，横斜乱影，伴他月下黄昏。”

这位名字里就蕴含芝兰清芬的文人，对梅花情有独钟。他在诗里除了提到东晋最年轻却又英年早逝的州刺史荀羡，并以此感慨时光荏苒、追忆历史陈迹之外，主要写了梅花的姿态与芳香，同时将其与在他眼里浅俗的、不堪再闻的“甲煎”做对比。

周氏的词作，难免让人联想到偶尔刺激到我们鼻息的那类稍嫌浓腻的香水味。看来，“过犹不及”永远是一句值得牢记和重视的箴言。

回过头再说烹制食物的方法“煎”，火候同样非常重要。煎的时间不够，达不到让食物熟透或酥脆的目的；而煎的时间

上林图卷
明
仇英

过长，又会把食物煎成“黑脸大汉”。

流行于江浙沪的美味“生煎包”，可以说是煎品中的翘楚。看着一个个原本圆滚滚、白净净的小包子在油水混合的煎锅中，伴随着氤氳水汽和嗞嗞声响，变成周遭净白、底面金黄的尤物，浅咬一口，面香、馅香与汁香溢满口腔。那种滋味……好吧，现在先请大家擦一擦口水。

煎制的食物无疑是美味，而“煎”这个字本身，最初还是“熬煮”的意思，所以“煎熬”这种说法最初肯定是指烹煮方式无疑。例如《战国策》：“齐桓公夜半不嗛[9]，易牙乃煎敖燔炙，和调五味而进之。”这句话的意思是齐桓公半夜的时候觉得饿了，于是有“庖厨祖师”之称的易牙便施展“十八般”厨艺，烹制美味让他享用。

但是，表示烹煮方式之义的“煎熬”，后来又发展出了其

⑨ 这个字是多音字，在这里读作 qiàn，意思与表示“不足”的“歉”相同。

他含义，例如清代文人袁枚的三妹、才女袁机，曾经写过一首以灯烛为主题的诗《镫[10]》："添尽兰膏惜寸阴，煎熬终不昧初心。孤檠[11]柄曲吹痕淡，细雨更残背壁深。有焰尚能争皎月，无花只可耐孤吟。平生一点分明意，每为终风恨不禁。"袁氏在此诗中将女孩子由观察景物而生发的情感描摹得淋漓尽致，而且在用"煎熬"吟咏灯烛的古诗文中，这篇诗作无疑是上品。

此外，正如诗仙李白在《古风五十九首》中所言："在世复儿时？倏如飘风度。空闻紫金经，白首愁相误。抚己忽自笑，沉吟为谁故？名利徒煎熬，安得闲余步。""煎熬"一词又被用来形容人极其不愉快、甚至忍无可忍的某种心理感受。因此，当人在为疾病、名利、情感等等烦恼所困时，他就是在经受着某种"煎熬"。

愿普天之下的仁善之人，都不会有此种痛楚。

⑩ 这个字是多音字，在这里读作 dēng，意思与"灯"相同。

⑪ 这个字读作 qíng，指烛台、灯架，也可以指灯。

烹

pēng

亯

“烹”这个字以现在的字形考查，上面是“亨”，读音与“烹”接近；下面的“灬”是“火”的变形，表明此字与加热有关。

但是，这个字却是一个较晚出现的民间的俗字，《说文解字》《玉篇》等古代字书中均不见其踪影，直到宋代官修的工具书《广韵》中，在“亨”字的释义下，才出现了“俗作烹”这样的说法。之后，同样成书于宋代的《集韵》《类篇》等工具书中，开始收录这种字形，算是承认了它的“合法地位”。

在《广韵》的释义中，“亨”有两种含义：一谓通畅，相当于“财运亨通”的“亨通”；二谓煮饭的“煮”。“烹”

小篆

隶书

楷书

行书

正是“亨”在表示后一种意思时所用的俗字，因此，它最初的意思就是“煮”。

煮是加工食物的一种最基本的方法，使生的食材通过加热而变熟，因此，烹也就指一种把生食变成熟食的最普遍方法。所以，烹调也好，烹饪也罢，其基本含义都是通过某种加工方法，将各种食材做成可以食用的成品。

诗仙李白写下《南陵别儿童入京》，是因为刚刚接到召他进京的诏书，一时间心情大好，所以招呼童仆置酒炖鸡以示庆贺。“白酒新熟山中归，黄鸡啄黍秋正肥。呼童烹鸡酌白酒，儿女嬉笑牵人衣”，凝练的诗句中饱寓诗人当时的欣喜之情。

元代散曲名家中传世作品数量最多的张可久，则以一曲《水仙子·山斋小集》表达了他淡泊名利、淡看富贵的生活态度。曲中“玉笙吹老碧桃花，石鼎烹来紫笋[①]芽，山斋看了黄筌[②]画。酴醿[③]香满把，自然不尚奢华”几句，充分表现了作者听笙、赏花、煮茶、看画的闲适心境。

欣喜时烹鸡佐酒，闲适时烹茶赏花，看起来，古

撵茶图
宋
刘松年

代圣贤的生活绝对算得上是丰富多彩。而且这个“烹”字，在古代竟然还有“冶炼金属”之义。例如黎靖德编录的《朱子语类》，其中卷五十九论《孟子·告子下》的一段中，就有“须用烹炼，然后成银”之句，以这种冶炼白银的方法比拟人的修炼。此外，与大文豪韩愈曾有唱和诗的唐代诗人窦庠[4]，在《于阗钟歌送灵彻[5]上人归越》中则写道：“海中有国倾神功，烹金化成九乳钟。”

很显然，冶炼金属也是用焙烧、熔炼等方法，将矿石中的金属提取出来，

① 一种名贵的茶叶，产自荆溪、阳羡等地，现属江苏省宜兴市。

② 五代十国时期著名的花鸟画家，兼工人物、山水等，现在存世作品仅有故宫博物院中所藏的《写生珍禽图》一幅。

③ 原本作“酴醾”，指一种经过重复酿制而成的甜米酒。后来因一种花的颜色与这种酒的颜色相似，所以此词也用来表示这种花，也就是现在我们所说的“荼蘼”。

④ 这个字读作xiáng，古代指学校，例如《孟子·滕文公上》：“设为庠序学校以教之。”

⑤ 唐朝时人，古代文献中多作“灵澈”。本姓杨，字源澄，越州会稽（今绍兴）人。云门寺律僧，驻锡衡岳寺。著有《律宗引源》廿一卷。与唐代诗人刘禹锡等过从较密，在唐代诗坛占有重要地位。

这种方法和烹煮食材的过程非常类似，或许这就是古人借“烹”来表示“冶炼”之意的缘由吧。

虽然“烹”的含义如此宽泛，但是前面已经提到，它原本是“亨”的一个俗字。而且实际上，“亨”字本身也并非本字。在甲骨文、金文时代，有一个形似某种建筑物、意谓向神灵进献祭品、读作 xiǎng 的字——亯，这个字即指古代所谓的“献享”。因为贡献祭品是为了让神灵享用，所以这个字后来就发展出“受用、享用”的意思；又因为祭祀神灵具有祈福的意图，所以它也隐含了万事通达、顺利的意思；还因为供奉神灵的祭品须加工成熟食的传统，所以该字还潜藏着用某种方法使食物成熟的意蕴。而且依据《说文解字》中的说法，这个字本身也存在着好几种读音。

如此宽泛、丰富的含义和读音附着在一个字身上，的确使它有些不堪重负。因此，后来便产生出若干个字，分别承载了“亯”字所包含的不同意义与读音。于是，原本并无多种字形的“亯”，后来分化出了“亨、享、烹”等字，而它自己反倒成了仅仅留存在古代典籍中的“古董”。例如，宋代朱熹《周易本义》记载：

豳风七月图之献羔祭韭
宋
马和之（传）

“古者，亨通之亨，享献之享，烹饪之烹，皆作亨字。”其实，朱氏所谓“皆作亨字”应该改成“皆作亯字”，才更符合事实。

看起来，烹制食物的“烹”字真是大有来头，在表示加工食物的方法之前，它已被广泛用于古代祭祀仪式与活动，所以明代官员倪谦的《南郊草堂为陈天锡赋》中，就有两句写族人到宗祠祭祀祖先然后聚餐的诗句：“粢盛献享修祠罢，合族筵开乐未央。”

再行一步

祭祀神灵与祖先，一来表达了人们的敬重与缅怀之情；二来也有通过祭祀，祈盼神灵和先祖的在天之灵保佑民众平安、康宁等意味。所以，随着“献享”活动的开展，才逐渐产生表示通畅、通顺的“亨”，例如清代官修编年体史料《清实录·康熙朝实录》：“百谷蕃滋，端赖雨泽；顺时沾足，咸藉神功。用是特遣皇子允禔虔申殷荐，祗[6]期默佑，时沛甘霖。俾[7]三农常沾优渥之庥[8]，庶兆姓永享丰亨之乐。”康熙深知神灵对大地和黎民的恩泽，所以派遣皇子主持祭祀，祈盼上天能让百姓享受丰收、顺畅的好年景。

上面这段话里的“享”和“亨”在意思上其实已经产生了差异。再如清代盛康编辑的《皇朝经世文续编》卷六十八《礼政八家教》中引清代学者牛作麟《治家琐言》：“大抵生财之事苦，耗财之事甘，故劳者有成功，而逸者多败气。尝见宦门者流，坐享丰亨，男不知耕，女不知织，不惜物力，不思本分”。明显是在批评好逸恶劳、坐享其成的败家子行径，并警示子孙后代。

⑥这个字读作 zhī，是恭敬的意思。

⑦这个字读作 bǐ，是“使”的意思。

⑧这个字读作 xiū，表“庇佑、荫庇”之意，也有“福气、美好”等含义。

自食其力，丰衣足食，这是中华民族的传统美德。衣来伸手、饭来张口的意识与行为绝不可取。再说，下厨烹制饭菜原本也是一种可使身心得到放松的乐趣。

"烹"字的产生，本来就是专为承担烹煮食物的义项的。但是，正像前面已经谈到的，它在后来也有新的发展。而且，现在我们能够看到的，还不仅仅是它自身有所发展的含义，更引人注目的，是它丰富的用法以及与之相关的文化寓意。

比如"烹冰"一说，表面上看，似乎表示烹煮冰块，使其融化之意。但是这种说法的深层含义却与"土崩瓦解"一词相似，喻消灭之快速。例如唐代文人沈亚之应韩愈请托，在唐朝重臣韩弘下葬前，为其所作的祭文《为韩尹祭韩令公文》中即有"扑淮僮与齐虿[9]，犹烹冰以燎苇"之语，意思是说韩弘在奉诏平定淮西等征战中，消灭敌人如秋风扫落叶般神速。当然，这些为逝者所写的祭文，按照惯例，溢美之词在所难免，故而夸大与吹捧亦不足为怪。巧的是，我们根据《新唐书》《旧唐书》等史料可知，韩弘为人确有阴阳嘴脸，而且在淮西一战中，贡献远没有沈氏所说的那么大。但是，此人后来却真的步步高升，

⑨ 这个字读作 chài，原本指蝎子一类的毒虫。

深得帝王赏识。

相比之下，西汉的开国功臣韩信，命运与韩弘却差了不止十万八千里：功高震主，终罹杀身之祸，以致《史记·淮阴侯列传》也借韩信之口道出"狡兔死，良狗亨[10]；高鸟尽，良弓藏"。这里的"烹狗"，并不是真的以犬为食材，而是喻指犬乃田猎的"得力干将"，对于猎取野兔等禽兽作用甚大，然而当野兔被猎杀得所剩无几时，犬的使用价值也就微乎其微了，同时，自身亦有性命之忧。

这种"兔死狗烹"的慨叹，本质上反映的是封建时代士大夫阶层的一种功成身退意识，其他存在细微差别的表述方式还有若干种。比如《史记》中，《越王勾践世家》里的原文则是："蜚[11]鸟尽，良弓藏；狡兔死，走狗烹"。而作为汉语中常见的四字格成语，也有"兔尽烹狗""藏弓烹狗"等说法。

功臣的无奈，折射出的其实是帝王的昏庸，而关于君主的治国之道，古代也流传下来一种与"烹"有关的说法——治大国若烹小鲜。然而，这种说法在流传过程中，人们对它的理解却出现了某种偏差。不少人望文生义，认为这是对能力卓著的

⑩ 这里表示的是"烹"的意思，读音也与"烹"相同。

⑪ 原本指一种蝗类臭虫，古代也常常用来表示"飞"，此处就是这种用法。

圣主明君的称道，以为他们治理起国家来就像炒一盘小菜一样手到擒来，这也刚好呼应了现在比较流行的口头语“小菜一碟”，似乎什么大事、难事都不在话下，分分钟即可搞定。

而实际上，“治大国若烹小鲜”一说出自老子的《道德经》。按照汉代隐士河上公为注释《道德经》所著的《河上公章句》，这句话的意思是：“鲜，鱼。烹小鱼不去肠，不去鳞，不敢挠，恐其糜也。治国烦则下乱”。再参照清代文人袁枚的《随园随笔》：“老子言治大国若烹小鲜，言烹小鱼者不事割鳞剖腹，意在简便耳。今人误为轻易之词”。由此可见，这句话本来说的是治国以简明、简便为宜，而不宜繁琐、冗杂。

调

tiáo

調

小篆

隶书

楷书

行书

“调”这个字有两种读音：一是diào，一是tiáo。它左边的“讠”表明它最初的意思与声音有关，右边的“周”表示字的读音与之相近，左右两部分合在一起，使“调”最初表示谐调、调和等意。

许慎在《说文解字》中对“调”的解释是：“和也。”而段玉裁在《说文解字注》中则说“和”应当写作“龢”。因为“和”本来表示“应和、应答”的意思，而“龢”虽然在后来的使用频率越来越低，逐渐被“和”替代，甚至在某些义项上还成了“和”的异体字，但是它才是表示音调和谐的最初字形，因为它左边的“龠[1]”原本指的就是一种吹

① 这个字读作 yuè，指一种管乐器。另外，在古代，它也曾经表示一种容量单位。

调琴啜茗图
唐
周昉

奏乐器。

《晋书》《宋书》等古代文献中均有："案《周礼》调乐金石，有一定之声，是故造钟磬者，先依律调之，然后施于厢悬。"这句话的意思大致是，制造钟磬一类乐器的时候，匠人一般都要先依照音律对其进行调适，然后才能当成合格的乐器悬挂在特定的厢室供演奏使用。

官至刑部尚书的南宋诗人赵立夫是带着怀旧情绪创作《谢刘潜夫寄示诗卷》的，诗里写道："坑灰冷秦久，刀笔起汉旧。典谟②慨已远，赋颂纷相授。调律起建安，沿流及元祐。上下二千载，统脉如线溜。渡江又百年，诸老凋丧后。灵珠繄谁握，绝唱不可复。"

仔细咀嚼这几句诗，我们不难体味出，诗人由南北宋政权的嬗替与孱弱，生发出的对文化传承渐趋颓势的忧虑与慨叹。三皇五帝时期的经典、秦始皇焚毁的诸家文献、两汉时代的诗文华章都已经尘封在历史深处，而南渡建国以来，又已过去了一百多年，当一批标志性的人物凋零之后，谁还能再执文坛牛耳，创造出优美的诗文呢？恐怕，大量的经典之作终成千古绝唱，而后人亦将无以为继。“灵珠”在此处喻诗文之美。

与赵立夫的怀旧意绪相比，宋代诗人楼钥的《老来》则完全是一幅闲适愉悦的桑榆暮景图：“老来何以度光阴，只有围棋与鼓琴。棋为心劳疏对局，琴因臂弱倦调音。曲肱时复同尼父，面壁何妨学少林。气习未除只自笑，又还弄笔动微吟。”诗人眼中的暮年，一切皆应随性、随心，而消遣光阴、打发时日

② 这个字读作 mó，意思是谋划。“典谟”主要指的是《尚书》所收录的《尧典》《舜典》《大禹谟》《皋陶谟》等。

演乐图
唐
周昉

的弈棋与弹琴，也都由于劳心劳力而不必强求。阅尽人事，返璞归真，像孔圣人那样枕着胳膊小睡也是乐事，如少林寺僧般凝神面壁也无不可，至于作文风格积习难改就随他去吧，信笔涂鸦、低声吟诗总比什么都不做好得多。

准音调律是个专业性很强的技术活儿，而制定音律标准更是音乐领域至高无上的宏大工程，唐代段安节编撰的《乐府杂录》中就记载着："舜时调八音，用金石丝竹匏土革木，计用八百般乐器"。在遥远的三皇五帝时期，为了制定音律，我们祖先动用的乐器与乐师显然阵容庞大。

从道理上讲，调八音与调五味在本质上基本一致，都是为了把个性鲜明的若干个体调和成圆融自洽的统一体，正如南宋文人王迈《臞③轩集》中所言："所谓五味合而后鼎可调，八音和而后乐可备。"

这调和五味同样是专业程度很高的技术活儿，例如西汉韩婴《韩诗外传》："伊尹故有莘④氏僮也，负鼎操俎调五味，而立为相，其遇汤也。"这几句话记载的是"中华庖厨祖师"伊尹的身世与经历。

伊尹，生活在夏、商之际有莘氏统治的地域，此地现位于河南省境内。根据史料与传说，伊尹原是有莘氏一位采桑女受神灵启示，从一株桑树的树洞里发现的婴儿，其出世充满了传奇色彩。后来，他被收养在厨房里做杂活儿，耳濡目染，成了烹调圣手。再往后，他又渐渐显示出超乎常人的智慧与修养，因此，当他陪侍嫁给商汤的有莘氏公主到了殷商之后，据说曾为商汤烹制了鹄鸟羹，并借助调和羹汤的原理向商汤阐述了治国之道，深受商汤赏识，被商汤任为重臣，最终辅助商汤剿灭夏桀，建立了中国历史上第二个奴隶制王朝——殷商。

③ 这个字读作 qú，意思是瘦。

④ 这个字作姓氏时，读 shēn。

聿求元圣图 钦定书经图说
清

再行一步

关于伊尹，除了史书中的记载，历代文人也不乏谈论到他的作品。例如枚乘的《七发》："伊尹煎熬，易牙调和"；还有南梁昭明太子萧统的《七契》："伊公调和，易氏燔爨[5]"。两篇文章里的相关语句，内容基本一致，讲的都是我国古代的两位烹调鼻祖，一位是伊尹，另一位是春秋战国时期的齐国人易牙。

就厨艺而言，伊、易二人的确是难分轩轾，然而从做人来看，前者出将入相，辅佐商汤成就了霸业；后者却有着令人发指的奴颜婢膝、忘恩负义行径。因此，史书中多有"易牙、竖貂相与作乱"一类的记载。"竖貂"，也称"竖刁"，是一个与易牙同时在齐国为官并狼狈为奸的宦官。

相比之下，历代文人对伊尹则多有溢美之词，例如诗仙李白《纪南陵题五松山》："伊尹生空桑，捐庖佐皇极。桐宫放太甲，摄政无愧色。三年帝道明，委质终辅翼。旷哉至人心，万古可为则。"

一个在厨房长大的童仆，由于自强，终成一代名相，辅佐君王，教育幼主，成就一生辉煌，并成为后世效仿的楷模。这

⑤ 这个字读作 cuàn，表示烧火做饭，也指灶。

孟浩然像 晚笑堂竹庄画传
清
上官周

就是伊尹。

或许正是由于伊尹近乎传奇的人生经历，所以后来出现的“调鼎”一说，既可以表示烹调食物这类的庖厨活计，也可以用来比喻处理国事的宰相职责。例如唐代诗人刘禹锡《送太常萧博士弃官归养赴东都》：“侍膳曾调鼎，循陔更握兰。”这句诗称赞的是辞官返家、奉养父母的大孝子萧博士，他曾为父母下厨烧饭，就像《诗经·南陔》篇中所写的那样。

而唐代另一位大诗人孟浩然所写的《都下送辛大之鄂》，其中有“未逢调鼎用，徒有济川心”两句，“调鼎”的意思就不再指烹调食物，而是指宰相职责了。孟浩然的诗句中，暗寓着他自己生不逢时，未曾遇见慧眼识珠的伯乐而被委以重任，因此徒怀济世之心，却不得施展的郁结之情。

众所周知，孟浩然是一位怀抱入世之心的诗人，所以他才曾委婉地向唐朝宰相、诗人张九龄表达了“欲济无舟楫，端居耻圣明。坐观垂钓者，徒有羡鱼情”⑥的想法，其用意同样是希望对方能够提携自己，让自己进入官宦队伍，从而有机会施展自己的治世才干。

和“调鼎”意思相近的，还有“调和鼎鼐”这样的说法。但是，后者基本上只用来比喻处理国事的宰相职责了。例如杜甫《上韦左相二十韵》：“沙汰江河浊，调和鼎鼐新。韦贤初相汉，范叔已归秦。”这是杜甫写给官员韦见素诗中的几句，诗人在称赞对方出色地履行自身职责的同时，还追忆了对方的先祖、汉初名臣韦贤，也提到了春秋战国时被魏国误会、迫害，后来隐姓埋名，改名“张禄”并辅佐秦王成就一番事业的名相范雎⑦。

当然，从源头上看，“调”由于自身就有“协调、调和”等意，所以西周时就有一种被称作“调人”的官职。依据《周礼》可知，这种官职的职责是“掌司万民之难而谐和之”，显然这种官职已经具有后世宰相的职责。

⑥ 参见孟浩然《望洞庭湖赠张丞相》。

⑦ 这个字读作 jū，是古书上的一种鸟，如《诗经》中的“关关雎鸠”。

官员处理政务，免不了会涉及人员、物品等的调配、调遣，因此，“调”也就产生了 diào 这样的读音与含义。而且一切合理的调和、调度，大都以预先的了解、估计与推断为前提，所以“调”自然也就有了后来的“调查”“调研”等义项。

至于“音调”的“调”，它与调节音律的关系一望便知，所以“调”后来就有了“音调”的含义。而音乐范畴中的“调”，其本身又表现为某种特质或标准，所以，“定个调子”也就包含着确定某种参照系或标准等意思。

此外，由于“调”亦含有“特质”等意思，于是“格调”“情调”便成了人们欣赏和追求的某种境界。宋代诗人张道洽留下的咏梅诗极多，且文辞意境均属上品，他在一首咏梅诗里就曾写道：“自倚风流高格调，唯消质素淡衣裳。”以致有人认为“梅花诗人”的代表应该是他，而不是“梅妻鹤子”的林逋。

自饮食从远古那种纯粹为了填饱肚子的行为，到后来逐渐融入品味美食的因素，烹调与用餐也就成为有情调、有格调的行为，当然，大家都明白，饮食的格调可不是靠铺张与奢华就能体现出来的。

炒

chǎo

炒

如今，“炒”这个字左边为“火”，右边为“少”，因此民间还出现过一副与该字有关的拆字对联：“炒豆不酥因火少，移仓难动为禾多。”但是，按照《说文解字》《玉篇》《广韵》等文献中的说法，我们现在使用的这种字形是后来才出现的，而最初表示相同意思的却是几种现在已经不再使用的比较复杂的字形“鬻、炛、㷅”。

许慎在《说文解字》中对收录的字形“鬻”的解释是：“熬也。”而段玉裁在《说文解字注》中则解读了好几种字形，并加了一句“火干物也”的解释。

我们根据这两种文献可知，“炒”和“煎”最初所表示的意思差不多，而且

小篆

隶书

楷书

行书

这些意思也都一直沿用到了现在，比如炒茶、炒花生和糖炒栗子等等，都是通过加热使食物干燥至可供食用；而炒红果则是用山楂、白砂糖和水等原料，通过熬煮方式加工制成的一种老北京传统风味甜品。

“炒”最初的“熬煮”意义，多见于古代文献中的医药典籍，例如明代张介宾编著的《景岳全书》中记载的主治心神恍惚的汤方，里面就有“人参、茯神、白茯苓、龙齿、远志[①]，姜汤浸炒”的说法。只是，“炒”的这种含义如今已经不太常用了。

而“火干物”之意，则是“炒”从古至今的表意中都比较常见的，一直到现在，我们仍然还在说着并且也在享用着各种“炒货”。在这种情况下，“炒”的意思与“焙”就比较接近。例如唐代诗人刘禹锡有一首长诗《西山兰若[②]试茶歌》，诗中写道：“山僧后檐茶数丛，春来映竹抽新茸。……斯须炒成满室香，便酌砌下金沙水。骤雨松声入鼎来，白云满碗花徘徊。悠扬喷鼻宿酲[③]散，清峭彻骨烦襟开。……新芽连拳半未舒，自摘至煎俄顷馀。木兰坠露香微似，瑶草临波色不如。僧言灵味宜幽寂，采采翘英为嘉客。”

陆羽烹茶图
元末明初
赵原

自古佛门多出懂茶高人，看来刘禹锡也是品尝古刹香茗的幸运者。诗里写的新茶，显然是“新芽连拳半未舒”、刚刚“抽新茸”的嫩芽。它的香气可与垂露的木兰媲美，而颜色则比河畔的瑶草更胜一筹。煮水的鼎里水花翻腾，仿佛蕴藏着山谷中的松声、雨声；沏茶的碗中茶美汤清，倒映出山花烂漫、白云舒卷。这样的茶，就算只能看一看、听一听诗句中的描述，真的也足以一饱眼福和耳福了。

诗中用于沏茶的“金沙水”，自然与黄金、沙子并不相干，只是“金沙”这种说法与水，特别是与沏茶所用之水多有关联。在唐代诗人李商隐的诗里，“金

①这里指一味中草药。

②“兰若”的“若”在这里要读作 rě，“兰若”是音译梵语词“阿兰若”的简省，原意为无烦乱、苦恼的寂静之地，一般指寺院。

③这个字读作 chéng，意思是喝醉酒神志不清。

炒茶 采茶 种茶 制茶 贸易图 两册
约绘制于 18 世纪

沙”指的是唐朝平乐府，也就是现在广西壮族自治区平乐县一带某座寺院中的一口井；而在宋代大文豪苏轼的诗里，它指的则是唐朝时浙江湖州境内一眼适宜泡茶的泉水。后来，“金沙”一词也泛指一般的“泉水”。考虑到刘禹锡比李商隐年长，而且并无史料记载他有到过广西的经历，因此，他这首诗里的“金沙”，应当是指标题中所说的“西山”某座寺院中的水井或泉眼。

刘禹锡用诗记录品茶这种风雅事，而陆游则是用诗来刻画品尝“炒栗子”时的某种感受，其《夜食炒栗有感》中写道：“齿根浮动叹吾衰，山栗炮[4]燔疗夜饥。唤起少年京辇梦，和宁门外早朝来。”

从诗文看，诗人是夜里吃炒栗子的时候，不小心触碰到由于年老而日渐松动的牙齿，联想到值夜等待上早朝的官员往往也是在夜晚用炒栗子充饥，诗人

④ 这里读 páo，意思是烧、烤食物。

炒砂 金石昆虫草木状
明
文俶

年少时所抱有的登上朝堂、一展抱负的雄心也被重新唤起，从而不禁感慨壮志未酬却早生华发。

诗中的“和宁门”，指的是南宋时皇城的北门。

除了炒茶、炒栗子等，“炒”后来还专门表示一种烹调方法，其主要是以油为导热体，用中旺火将食材在较短时间内加热成熟、调味成菜肴。自此之后，“炒”便在美食领域大显身手：炒肉片、炒豆腐、炒青菜、炒饭、炒面、炒河粉……几乎无物不能炒。热炒、小炒、干炒、炝炒、煎炒……种种手法层出不穷。

大文豪苏东坡与不少美食都有因缘，他和“炒”字自然也少不了一段被后人打趣的逸闻。因为东坡先生曾言“无肉令人瘦，无竹令人俗”，所以自号“北庄素史”的清代文人王有光，在其所著《吴下谚联》中，便针对这句话开了前辈一句玩笑：“若教不瘦又不俗，顿顿还他笋炒肉。”

肉，我所欲；竹笋，亦我所欲。这还真不失为一种两全其美的解决方案呢。

再行一步

烹炒食物的味道往往令人食指大动，但是，如果提到“炒鱿鱼”，职场上的精英们恐怕就会闻“炒”色变了。这是因为打了花刀的生鱿鱼片，一旦放入热锅中炒制，立刻便会卷曲成圆筒状，形似行李卷，所以就被赋予了“卷行李走人”的寓意。因此，作为菜品的炒鱿鱼虽然美味可口，但是据说曾经在一些地区被当成老板辞退员工时，请员工吃饭的一道菜，目的是委婉地告知对方“你要卷行李去另谋出路了”。随着这种比喻义逐渐成为一种被人们普遍接受的基本义，于是，“炒鱿鱼”以及“炒”字本身也就被赋予了“辞退”的含义。

丢掉饭碗，这当然是令人担忧、难受的事情。不过，社会发展到今天，双向选择才是王道。君不见，在当今时代中，哪里都不缺气势如虹的职员，他们从来就不甘心被动地被“炒”，而是常常豪气冲牛斗地“仰天大笑出门去⑤”，意气风发地“炒”了大大小小的老板。

当然，也有些人并无老板可“炒”，因为他们追求的是自

⑤ 摘自诗仙李白《南陵别儿童入京》。这首诗主要写了诗人奉诏进京之前内心的喜悦。这里只是借用诗句的字面含义，而非全诗的主旨和意境。

由自在，有了一点积蓄便去“炒股”，而且往往以此为生，希图在资本市场中借助股市的风云变幻、找准机会积累些资本，最好能够“炒”到衣食无忧。

然而，“炒股”的“炒”字，原本就意味着食物在锅里被不断地上下翻铲，而且“火干”一说也意味着水分的蒸发，所以，任何人在做出以“炒股”为主业的决定之前，最好先记住很多人都耳熟能详的那句话——股市有风险，入市须谨慎。

当然，“炒股”在很大程度上还是个人行为，影响的多半也只是炒股者自身而已，然而，却有那么一些人，他们出于种种目的，时不时地便会通过各种方式“炒新闻”，这种情况，受影响的就不再仅仅局限于炒作者本人了。

炒作新闻，不外乎把假的说成真的、把没有的说成有的、把小的说成大的，等等。一个“炒”字，因为含有大众语言表达中的一些约定俗成之意，所以它也就带上了消极意义上的“搅和”的寓意，同时也透露出民众对于这类行为的轻蔑与不齿。

有个成语叫作“自作自受”，当炒作者机关算尽，目的落空之后，他们恐怕也只有“煎熬”的份儿了。在古代，表达内心“煎

十六罗汉图之一
五代
贯休

熬”之意的，恰巧就有“煎炒”一说，例如唐末五代著名画僧、诗僧贯休的《偶作五首》，里面就有“机生机，巧生巧，心镬[⑥]烘烘日煎炒”这样的诗句，表达的是养蚕妇女内心的焦灼。

这组诗从总体上看，应当属于同情劳苦大众之作，其中“尝闻养蚕妇，未晓上桑树。下树畏蚕饥，儿啼亦不顾。一春膏血尽，岂止应王赋。如何酷吏酷，尽为搜将去”等诗句，就像杜甫的《石壕吏》中“吏呼一何怒，妇啼一何苦”“室中更无人，惟有乳下孙。有孙母未去，出入无完裙”等诗句一样，都写出了在封建社会沉重的苛捐杂税的压迫下，民众贫困交加的现状以及难以忍受

⑥ 这个字读作 huò，指一种烹煮食物的炊具，也表示用这种炊具烹煮。

蚕丝制作图 通草画
清

的痛苦。

不过，原本俗姓姜的诗僧贯休实际上也曾为官，而且依据史料记载，他还有向吴越王钱镠进献奉贺诗之举，只不过由于诗中“满堂花醉三千客，一剑霜寒十四州”这样的奉承话，并没能迎合钱氏雄霸更大地盘的野心，并且他又拒绝了对方将“十四”改作“四十”的要求，才只好故作清高地远走蜀地。他入蜀的目的，据说亦并非是云游，而是去另投当时蜀地的强权人物王建了，当然，他也得到了后者的赏识和礼遇。

煸 biān

焙 bèi

炝 qiàng

熗

小篆

隶书

楷书

行书

“炝”这个字左边的“火”表示字的意思与火相关，右边的“仓”表示字的读音与其接近。它的基本义有两种，都与烹饪方法有关。其中一种含义是把菜品的主料等放入沸水中略煮，捞出后控干水再加作料调味，例如“炝芹菜”“炝拌腰花”等等。另一种含义是把葱花、肉末或肉丝等先用热油爆香，然后加水或清汤煮，或者再加入其他主料一起炒，如“炝锅面”“用葱姜蒜炝锅”等等。

“炝”这个字资历较浅，产生的时间并不长，最初往往还是“临时替身”，替代“呛、枪”等字。例如元代戏曲家李好古编著的元曲《沙门岛张生煮海》：“闻不得鼻口内干烟炝”；还有清代官员、法律学家薛允升所著《读例存疑》："藏有火炝、抬炝者"；以及清代官员福格的风俗掌故笔记《听雨丛谈》："且《宋史》中有火炮、火炝、火箭之制，火炝以钜[1]竹为筒，内安子窠，烧放焰绝，然后子发出"等。

自从"炝"产生两种表示烹调方法的含义后，它就渐渐不再充当替身了，现在一般只被用来表示烹调方法。

"煸"也是和"炝"资历相仿的一个后起字，其构字特征也与"炝"相似，左边的"火"表示字的意思与火相关，右边的"扁"表示字的读音与它接近。"煸"表示的也是一种烹调方法，具体是指把食材放在少量热油中炒到半熟或全熟，例如"把肉丝煸一下""干煸四季豆"等。

依据现在所能看到的古代文献可以推测，"煸"这个字的用法在古代有两种情况：

第一种是和"炝"一样，充当替身。例如清代官员、文人方濬师编著的《蕉轩随录》中所言："施舍符药，煸惑人心"，这显然说的是江湖术士所为，其中的"煸"应当是用来代替"欺骗"的"骗"，或者是曾经表示“欺骗、诓骗”之意的“谝[2]”；当然也有一种可能是替代了表示“鼓动、鼓惑”的“煽”。此外，在清代乾隆钦定编修的《续通典》中，多处出现过“煸钟”“煸磬”等字样，显然，这些地方的“煸”是替代了“编辑”的“编”。

而另一种则属传抄过程中出现的讹误。例如在北宋李昉[3]等人编纂的大型类书《太平御览》中，就引用过据说是北魏崔浩编著的《食经》中的话，里面有“作糄[4]法，近水则涩。”这句话里的“糄”与“水”显然是矛盾的，而且这句话在《太平御览》里是放在“䊂[5]”字条目下面的。通过查证其他文献，我们发现《康熙字

① 这个字原本表示坚硬的铁，同时又是“巨”的一种异体字。在这里表示“巨大”的意思。

② 这个字读作 piǎn，现在是一个汉语方言语词，表示夸耀、显示。

③ 这个字读作 fǎng，有“明亮、开始”等含义。

④ 这个字是个罕用字，意为烧稻取米，读音与“煸”相同，意义相近。

⑤ 这个字是个罕用字，读作 suǒ，意为煮米多水，或指用米煮成的一种食品。

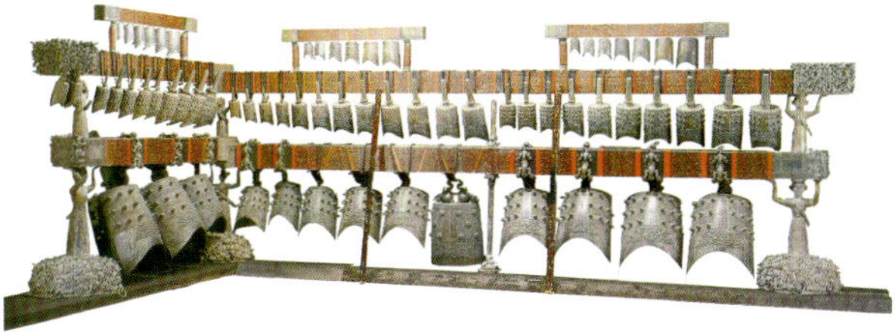

曾侯乙编钟
战国

典》在“糁”字条目下面恰好有“《食经》作糁法：取蒸米一升，置沸汤，勿令过热，出著新篓内”这样一句话。

总之，“炝”和“煸”这两个字，以及它们所表示的那几种烹饪方法，都是“后起之秀”，大致属于“炒”这类烹制方法的进一步细化，例如清代文人褚人获《坚瓠[6]集》中的：“爊[7]葫芦，煸苋菜。”

相比之下，同样和“炒”字“火干物”之意相近的另一个字“焙”，其字本身以及它所表示的烘烤食物或其他物品的方法，明显就要古老得多。

“焙”这个字左边的“火”同样表示字的意思与火有关；右边的“音”表示字的读音与它接近，它最基本的意思是通过火的烘烤而使东西干燥或成熟。例如南宋林洪的《山家清供》中就记载了一种名为“玉延索饼”的面点，里面有“经宿洗净去延，焙干磨筛为面，宜作汤饼用”这样几句话。

“玉延”是当时秦、楚两地之间对“山药”的称呼，例如下文中接着提到的陆游的诗句：“久缘多病疏云液[8]，近为长斋煮玉延。”另外，在园林辐辏的苏州，有一座规模不大的“怡园”，园中有一座“玉延亭”，此亭的名称就源自该园林的故主、明代礼部尚书吴宽。吴宽曾因身体虚弱，便听从医生建议，服食山药汤。为此，他还专门创作过一首《服山药汤》诗，诗中写道：“吾家玉延亭，人云铁炉步[9]。玉延久不栽，亭名只如故。”

宋代美食专著《吴氏中馈录》里，也记载了一种叫作“炉焙鸡”的菜品及其制作方法：“用鸡一只，水煮八分熟，剁作小块。锅内放油少许，烧热，放鸡在内略炒，以锭子[10]或碗盖定。烧及热，醋、酒相半，入盐少许，烹之。候干，再烹。如此数次，候十分酥熟取用。”细读之，香喷喷的鸡肉仿佛它近在眼前了。

⑥ 这个字读作 hù，指的是类似葫芦的一种植物及其果实。“坚瓠”的意思是“实心的瓠子”，因为无法剖开做成瓢一类的器皿，所以意味着无用之物。显然，作者以此名其集，是寓自谦之意。

⑦ 这个字读作 āo，既表示用微火煨熟食物，也通“熬煮”的“熬”。在这里应当是后一种意思。

⑧ “云液”在这里指古代扬州的一种美酒，或者泛指美酒。

⑨ “步”在这里指水边泊船处，大致相当于渡口。“铁炉步”源自唐代柳宗元《永州铁炉步志》，是永州境内的一个渡口。

⑩ 即“镟子”，原为温酒的器具。铜制，像盘子而较大，又名汤锣。

再行一步

焙山药、焙鸡块，看起来有不少食材都是可以用火来“焙”的。然而，在我国古代，如果提起“焙”字，恐怕绝大多数人脑海里立刻浮现出来的，一定是有着鲜明的中华传统文化特色的茶。

品茶大师苏东坡咏茶的作品不胜枚举，其中有一首《西江月·茶词》：“龙焙今年绝品，谷帘自古珍泉，雪芽双井散神仙。苗裔来从北苑。汤发云腴酽白，盏浮花乳轻圆。人间谁敢更争妍，斗取红窗粉面。”

这首词吟咏的是从汉代开始闻名、唐宋间更成为贡品的福建建溪茶，而北苑贡茶就是其中的极品。词中的“龙焙”指的正是这类茶中的一个品种，而“谷帘”则是被“茶圣”陆羽认定为天下第一泉的庐山康王谷“谷帘泉”。据说该泉是冲泡香茗的最佳水源，因此，东坡先生才说用这样的水烹茶，茶汤上仿佛有洁白的云气缭绕，而茶盏中细碎如珠玉的泡沫更是奶一般细腻、花一般纷繁。形如斯，神如斯，难怪苏大学士断然论定人世间更无能够与之媲美的尤物了。

当然，从古至今爱茶、嗜茶的文人绝对不在少数，然而像东坡先生这样不仅对茶痴迷、还能妙笔生花地写出那么多咏茶佳作的，恐怕就并不多见了。

相比于苏轼文词的妙丽，有些吟咏焙茶的诗文则要朴实得多。唐代诗人白居易有两首与焙茶有关的诗，《题施山人野居》和《即事》，分别写道："春泥秧稻暖，夜火焙茶香。水巷风尘少，松斋日月长"；"室香罗药气，笼暖焙茶烟。鹤啄新晴地，鸡栖薄暮天。自看淘酒米，倚杖小池前。"

两首诗均给人闲适、安逸之感，其中所写的烘焙的茶叶显然也少了"龙焙"的贵气，而多了一分纯净的泥土芳香。

唐代诗人顾况在其诗作《过山农家》[11]里，也写到了烘焙茶叶："板桥人渡泉声，茅檐日午鸡鸣。莫嗔焙茶烟暗，却喜晒谷天晴。"诗文呈现给我们的，也是一幅散发着乡土气息的乡村图景。

此外，元代诗人倪瓒有："鸠鸣桑上还催种，人语烟中始焙茶。"元末明初诗人高启则有："风前何处香来近，隔崦[12]人家午焙茶。"明代画家、诗人徐贲也有"花尽才收蜜，烟生正焙茶"等诗句。这些诗文正是中华灿烂茶文化的缩影，也是我国古代

⑪ 关于该诗作者，有版本将其归于唐代写过《枫桥夜泊》的诗人张继的名下，而且诗的题目也变成了《山家》。

⑫ 这个字读作 yān，"崦嵫"指的是甘肃省天水市境内的一座山，古人认为这里是日落山之处。而在这句诗里，"崦"指的则是一般的山。

咏茶名篇的代表。

茶之所以能够成为饮中佳品，除了味佳、形美之外，其中还有一个比较重要的原因，那就是它还非常有益于人体健康。而比较巧合的是，传统中药的制作工序中恰好也有烘焙这一加工环节，例如唐代诗人皮日休《寄怀南阳润卿》："醉来浑忘移花处，病起空闻焙药香。"

当然，就"烘焙"的本质而言，除了用于美食领域，例如现在如雨后春笋般出现在大街小巷的各类"糕饼屋""面包房"，实际上，对于许多需要烘干的物品，它都是一种可供选择的有效处理方式。

宋代文学家梅尧臣，曾经收到过大文豪欧阳修惠赠的纸中极品"澄心堂纸[13]"，当时便赋诗记录此事。后来，他又有幸得到好友、文学家宋敏求赠送的"澄心堂纸"，欣喜之余，照例赋诗《答宋学士次道寄澄心堂纸百幅》，诗中写道："寒溪浸楮春夜月，敲冰举帘匀割脂，焙干坚滑若铺玉，一幅百钱曾不疑。"纯净、光滑如冰，密致、细腻似玉，这确实是无比贵重的珍品，难怪明代书画大师董其昌在有幸得到它的时候，曾言"此纸不敢书"。

⑬ 书画纸中的极品，产于五代十国南唐徽州地区。李后主极力推崇此纸，并建堂藏之，使之名满天下。其质地以"肤如卵膜，坚洁如玉，细薄光润"著称。

焙而后干 新诗造纸书画谱
清
周开泰等

造墨法 金石昆虫草木状
明
文俶

造纸需要烘焙，制墨同样也需要烘焙。元代文人陆友的《墨史》、明代文人沈继孙的《墨法集要》等文献中，均有关于以烘焙法制墨的记载。

此外，三十多岁时丧妻的清代文人王次回，其诗文多以男情女爱为主题，这对其后辈纳兰性德影响甚大。他的《逋客叔召听新声即事呈咏》一诗中，有“焙笙月给千笼炭，扫黛晨供十斛螺[14]”这样两句，其中的“焙笙”一说，正是烘焙一法用于乐器制作的例子。

可见，聪明的先人已把烘焙这种看似简单的技法运用得游刃有余，在中华工艺文化史上谱写出了璀璨华章。

⑭ 这里指“螺子黛”，简称“螺黛”，是古代女性画眉的一种颜料。

煮

zhǔ

熬

áo

煲

bāo

小篆

隶书

楷书

行书

“熬”这个字有阴平、阳平两种读音，而且都与烹制食物有关。这个字上面的“敖”,表示字的读音与它接近;下面的“灬”是“火”字的变形,表示字的意思与火有关。

许慎在《说文解字》中对“熬”的解释是：“干煎也。”同时，按照其给出的注音方式，该字的声调应是第二声。

宋代文人刘学箕曾填过一首《行香子》，把烹鱼写得真是令人垂涎：“雪白肥鳒[①]。墨黑修鲇。柳穿腮、小大相兼。金刀批脔，鲜活甘甜。或时爊，或时煮，或时腌。揎腕佳人，玉手纤纤。缕银丝、取意无厌。羹须澹[②]煮，滋味重添。滴儿醯[③]，呷儿酒，撮儿盐。”肥美的鲜鱼、提味的作料、多样的手法已让人腹中馋

① 这个字读作 jiān，是比目鱼的一种。

② 在这里读 dàn，意思与“淡”相通。

③ 这个字读作 xī，指醋一类调味品。

白蜡 金石昆虫草木状
明
文俶

熬鹿角胶 金石昆虫草木状
明
文俶

虫蠢蠢欲动，而操弄厨艺的俏丽厨娘，则更令人心生神往。

词人将“爊、煮、腌”并列，由此，我们可以判断，这里的“爊”即熬，指的应当就是“煎”。“煎熬”“熬煎”，二者的确曾不分彼此，只是到了后来，当“熬”又发展出“用慢火长时间煮”的含义之后，如“熬粥、熬鸡汤”等等，它“干煎”的含义才完全转移到了“煎”等字词之上。

煮

至于“熬”读第一声以及表示把蔬菜等食材放到水里煮，如“熬白菜、熬豆腐”等，则是很晚才出现的一种语言文字现象。

刘学箕在《行香子》里面也提到了“煮”。“煮”这个字上面的“者”，表示字的读音与它接近；下面的“灬”同样是“火”字的变形，表示字的意思与火有关。许慎认为“煮”最初的标准字形应写作“鬻”，后来才出现了现在我们使用的这种字形。它的意思是“烹也”，也就是把东西放到水里加热而使

伯矩鬲
西周

其成熟，例如“煮饺子、煮花生”等，当然我们更不能忘记中华祖先“煮海为盐”的探索与成就。

根据考证，金文中确实有上面近似“者”字，下面形似器皿中盛有东西的一种字形，一般认为这就是“煮”最初的字形，而且有人认为这个形似器皿中有物的字已经表示了“煮”的意思，因此“者”字是后来又加上去的。此外，还有人通过考证，说甲骨文中有一个字，上面是牛羊的“羊”，下面是器皿的“皿”，也表示“煮”的意思。

宋代文人谢逸的《望江南》里有“谩[4]摘青梅尝煮酒，旋煎白雪试新茶”这样两句。青梅煮酒、白雪烹茶，谢氏既学曹孟德把酒纵论天下英雄，又法白居易等文人“融雪煎香茗[5]”，将豪气与闲情和谐地汇于一处，丝毫没有违和之感。

其实没有违和之感的，还有“熬、煮、煎”这几个字，因为它们常常携手并肩、联袂而出。宋代诗人周弼有一首诗《陆羽泉》，称颂这一汪以“茶圣”的名字为名的泉水，诗中有：“拟酌松根泉，先酹松下土。瓯牺副都篮，拾薪自煎煮。”诗句里的“牺”指的是一

惠山茶会图卷
明
文徵明

种小木勺，“都篮”指的是一种盛装茶具、酒具的便携式容器，一般用竹子或木头制成。诗句的大意是诗人打算汲取松树根部下面的泉水烹茶之前，首先要向培育松树的泥土致谢，然后就可以捡些柴草，煮好茶后用自己携带的茶具享用了。

宋末元初诗人方回的一首长诗《春寒纪异》，写了乍暖还寒的春季，天气多变，冷热交替，结果诗人偶感风寒，不得不服药医治。诗中写道：“病轻勿络医，芎⑥芷自煎煮。”看起来诗人或者是略通医术，或者是久病成医，所以他

④ 在这里与“漫”相通。

⑤ 摘自白居易《晚起》。

⑥ 这个字读作xiōng，指的是也称“川芎”的一种多年生草本植物，其地下茎可以入药。

说如果身体不幸染上伤风一类的小毛病，一般情况下就不要去麻烦医生了，自己找些川芎、白芷之类的药材煎一煎服下即可。

“煎煮”药材总是一件令人无奈的事情，而如果是“熬煮”食物，就是让人充满期待的乐事了。而且在古代，“熬煮”除了表示某种烹调方式之外，还是美味食品的代名词，本身也可以指代各色佳肴，例如宋代周密《武林旧事·德寿宫起居注》：“约午时初，后苑恭进酥酒，十色熬煮。”

和“熬、煮”所表示的烹调方法接近，并且近年来在美食领域大显身手的，还有发源于岭南地区的“煲”，以及采用这种方法烹制出来的各式肴馔。

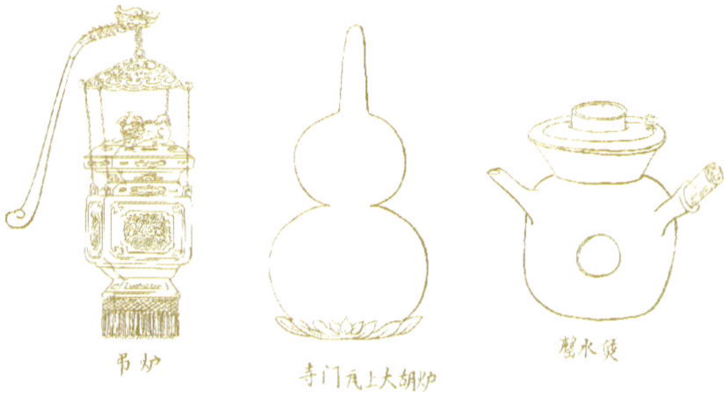

鬈水煲
清

“煲”字上面的“保”，表示字的读音与它接近；下面的“火”，表示字的意思与火有关。许多工具书里关于它的释义有两种：一种是壁比较陡直的锅，用作名词；另一种是用这种锅煮或者熬，用作动词。

很多人认为这个字产生得比较晚，而且是一种地域性较强的话语词，但是也有人认为甲骨文里有一个字，字的上半部分是“保护”的“保”，下半部分则可能是“火”字的一种讹变，变成了“山丘”的“丘”的形貌，这是因为“丘”的甲骨文字形，和“火”的甲骨文字形确实比较相似。但是，关于这个字形，目前还没有充分的语料予以佐证，只能等待进一步的发现与考证。

再行一步

无论是古已有之，还是地域性的创造，现在一些餐馆中放在台面上的冒着热气、散着香味的大大小小的煲，无不吸引着食客们的眼球、刺激着他们的食欲。岭南民众极其善于发现和使用各类食材，这使得其他地区的人往往为其肴馔花样的繁多而瞠目。

与此同时，以广东潮汕地区为代表的各种煲制的粥品也早已在全国各地生根开花。在天气寒凉的时候，走进门面大小不一的粥铺，点一煲还在微微翻滚的热粥，那种暖意与惬意实在无法用语言尽致描述。

煲粥之道在于米、水等材料的恰当调配，而与此有关的，还有一种说法——“糗”。“糗”这个字原本指炒熟的米、麦等，可以用来充当干粮，例如唐代诗人岑参《送狄员外巡按西山军得霁字》中有“战士常苦饥，糗粮不相继”；后来也表示熬煮米、麦，使之成糊状。但是，现在人们常常说的“糗事”“出糗”等等，可就与食物没什么关系了，它们主要表示某种不光彩或者让人难为情的事情，这种意思恐怕引申自“糗”的“糊状”含义，“糊状”的情形总是一种不好收拾、难以处理的状况。

另外，煲粥虽好，“煲电话粥”可就成了虚度光阴、空耗精力的闲人之举了。这种说法常常用来表示对那些闲来无事、以长时间通话谈论家长里短为乐的人的否定态度。

“煲电话粥”不可提倡，“烧琴煮鹤”就更是暴殄天物的行径了。宋代安徽籍文人胡仔的《苕溪渔隐丛话前集》中引北宋蔡條《西清诗话》：“义山《杂纂》，品目数十，盖以文滑稽者。其一曰杀风景，谓清泉濯足，花下晒裈[7]……烧琴煮鹤……”

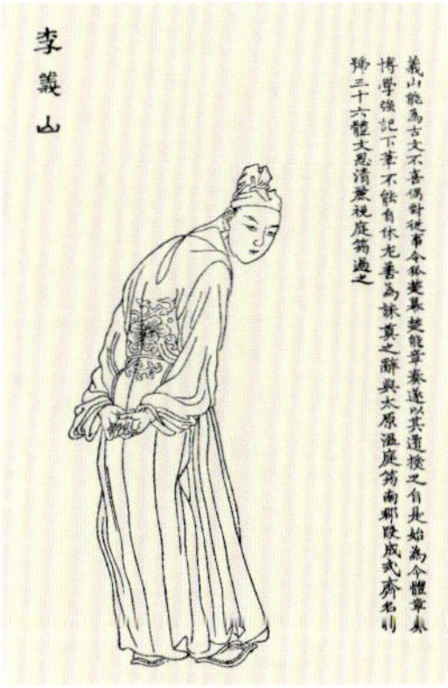

李商隐像 晚笑堂竹庄画传
清
上官周

文中的“义山”是唐代诗人李商隐的字。在李商隐看来，在煞风景的粗鲁、滑稽之举中，有一些堪为代表，比如在清泉中洗脚，在花丛中晾晒短裤，焚烧古琴，烹煮仙鹤等等。既然古之贤者已有此说，追求文明的今人自然应当以古为鉴，

⑦ 这个字读作 kūn，意思是内裤、短裤。

尽量避免"焚琴煮鹤"这类事情的发生。

此外，人们在尊重万物的同时，更要珍惜人与人之间的情感。昔日曹氏兄弟手足相残的悲剧，催生出了曹植著名的《七步诗》："煮豆然（通燃，下同）豆萁，漉[8]豉以为汁；萁在釜下然，豆在釜中泣。本是同根生，相煎何太急！"这"煮豆燃萁"之举与中华传统文化所提倡的"兄弟同心，其利断金""兄友弟恭"等等，完全是背道而驰的。

正是由于曹植的《七步诗》，所以后世就有些文人将"煮豆"作为"文采出众"的代名词，例如晚唐五代时期，南唐文人章震的《后唐重建巢湖太姥[9]庙记》中有言："震也学乏偷灯，才非煮豆。谬提刀笔，忝佐贤侯。"这几句话完全是章震的自谦之辞，他说自己在学习方面不及西汉经学家匡衡"凿壁偷光"的勤奋与刻苦，在文采方面与才华横溢的前辈曹植更是相差十万八千里，所以斗胆提笔写下这篇小文，也是不自量力，故而心中忐忑，为自己能够置身于辅臣之列而感到惭愧。

古代文人用"煮豆"表示谦虚的姿态，而古代将士则往往用"煮弩"显示百折不挠、至死不渝的气节与征服困境的勇气。

⑧ 读作 lù，其含义有过滤、液体慢慢渗下等。最初意谓使东西干涸。

⑨ 这里读作 mǔ。

例如《后汉书》《隋书》以及“建安七子”之一的王粲所著的《汉末英雄记》等史料中，都记载过臧洪、耿恭、公孙瓒等武将和其部下“煮弩”为食的故事，其大意是两军对垒，在断粮的情况下，将士们烹煮弓弩来充饥，要与敌人誓死一战。

这不禁使人联想到代表着“长征精神”的红军将士，他们爬雪山过草地，吃草根啃树皮，甚至用皮带充饥，在极端恶劣的环境中，依然怀抱着必胜信念，在中国共产党的领导下，前仆后继，死而后已，最终用鲜血和生命铸就了巍然屹立于世界东方的新中国。

烤

kǎo

炙

zhì

烘

hōng

炮

páo

烙

lào

　　人类从茹毛饮血走向食用加热成熟的食物，这是文明的一大飞跃。在这个进程中，“火”是核心中的核心。因此，用于表示通过加热而使食物成熟的汉字，也即表示烹制方法的汉字，绝大多数都有“火”字旁。在这些字里面，“炙”这个字是最能体现古人用火加热食物并使其成熟的一个。

小篆

隶书

楷书

行书

　　“炙”这个字上面是“肉”字的变形，下面则是“火”字，合在一起表示“炙烤肉类”之意。许慎在《说文解字》中对它的解释是“炮[1]肉也”，而段玉裁在《说文解字注》中则进一步详细解读了“炙”与“炮”的细微差别。他根据一些更早的典籍做出解释说，“炮”意谓烧烤尚

① 这里读 páo。

未去毛的肉类，也就是将其囫囵个儿地放到火中烧制；而“炙”则表示把肉类穿在木棍上，举到火上烤。这种解读仿佛让我们看到了如今烤鸡、烤全羊、烤羊肉串的源头。

曹植创作的《名都篇》里有“炮鳖炙熊蹯[②]”一句，

苏轼留带图
明
崔子忠

从中大约可以看出，“鳖”应是整个儿地放入火中炮制，而熊掌则一定是分割成细块后，穿在扦子一类器具上，再悬在火上烤炙的。

当然，“炮”和“炙”之间的细微差别后来也在逐渐模糊，以致人们常常将其连用，来表示一般意义上的烧烤。例如李白《秋猎孟诸夜归，置酒单父[③]东楼观妓[④]》，里面就有：“一扫四野空，喧呼鞍马前。归来献所获，炮炙宜霜天。”这显然是晚秋初冬时节，众人在行猎之后烧烤野味的场景。

然而，正像宋代大文豪苏东坡的好友、杭州灵隐寺住持、诗僧佛印曾经创作的一首《满庭芳》中所说的，“鳞甲何多，羽毛无数，悟来佛性皆同。世人何事，刚爱口头浓。痛把众生剖割，刀头转、鲜血飞红。□□□，零炮碎炙，不忍见渠侬[⑤]。喉咙才咽罢，龙肝凤髓，

② 这个字读作 fán，意思是兽足。

③ “单”在这里读作 shàn，“父”读作 fǔ，“单父”在这里指春秋时期鲁国的一个邑镇，在今山东省菏泽市单县境内。

④ 这里指歌舞伎。

⑤ 江浙一带汉语方言语词，表“他、她”之意。

毕竟无踪。……奉劝世人省悟，休恣意”。的确，人们不应当仅仅为了满足自己的口腹之欲而荼毒生灵。

另外，“炮”除了表示烧烤时的读音 páo，它在表与烹饪相关之意时，还有一个读音 bāo，意思是把食材放入锅里或铛里，用旺火迅速翻炒，例如炮羊肉、炮牛肉等。

“烘”这个字虽然也同“炮、炙”差不多一样古老，但是它最初所表示的意思却与烹饪无关。这个字左边的“火”表示字的意思与火有关，右边的“共”表示字的读音与它接近。许慎在《说文解字》里对它的解释是：“尞[⑥]也。”意思就是用火烤热、烤干。

南北宋之交的文人王千秋填过一首《临江仙》，里面有“薰炉烘暖鹧鸪斑”一句，意思是产自宋代名窑“建窑”的香炉，里面点燃的熏香烘暖了炉身鹧鸪斑点状的花纹。还有唐代诗人李建勋的《宿友人山居寄司徒相公》，整首诗主要是写诗人在雨雪霏霏的一天客居友人住所的经历。诗中写道：“隔纸烘茶蕊，移铛剥芋衣。”门外天寒地冻，屋内却炭火正旺，朋友对坐，一道烘嫩茶、烤芋头，一室的暖与香，滋润着身心，温暖了脏腑。

与温暖相关的，还有一个“烤”字。但是，这个现在非常常用的汉字，产生的时间却比“烘、炮、炙”等字晚了数百年。这个字左边的“火”表示字的意思与火有关，右边的“考”表示字的读音与它接近。它最基本的含义就是把东西放在靠近火的地方，使其温暖、干燥或成熟，例如宋代蔡襄所著《茶录》中有言：“凡欲点茶，先须熁⑦盏令热，冷则茶不浮。”这句话的大致意思是如果要冲泡茶叶，必须先烘热沏茶的杯盏，因为要是茶杯太凉的话，茶叶就不会浮在水中，那将会使茶汤的品质大打折扣。

与“烤”有关的美食，除了烤鸭、烤乳猪、烤全羊，以及我国本土创制和域外传来的各式烤肉之外，现在充斥于大街小巷的各种规模不大的烧烤店、烧烤摊，其间各色烧烤类菜品，亦广受市

⑥ 是“燎”最初的字形。

⑦ 这个字读作 xié。意思是“烤”。

牧马图
唐
韩幹

民大众欢迎。

有趣的是，一些烧烤店实际上也是在以我们称之为“烙”的方法，烹制一些美食，比如铁板鱿鱼等，其加工手法就与“烙”颇为近似。

“烙”这个字，左边的“火”表示字的意思与火有关，右边的“各”表示字的读音与它接近。这个字虽然历史悠久，但是，它最初的意思却与烹饪无关，而且读音也不是后来才产生的 lào，而是 luò，意为“烧灼”，例如古代有一种名为“炮烙”的酷刑。后来，它才在烧灼的基础上又发展出用烧热的铁器等物烫其他东西，并在其上留下印记的义项。例如苏东坡《书韩幹牧马图》中“鞭箠[8]刻烙伤天全，不如此图近自然”，诗句中的“刻烙”指的就是在马身上烫上印记。

烙

⑧ 这个字读作 chuí，意思是鞭子或马鞭。

再行一步

有了用烧热的铁器加热其他东西的含义之后，“烙”就与烹饪结下了不解之缘，我们最常见的，便是各式烙饼：有馅的、没馅的、夹层的；圆的、方的、椭圆的；薄的、厚的、不薄不厚的……不一而足。

与烙饼有近亲关系的，还有流行于我国北方地区、一般以烘烤手法制成的各种火烧、烧饼。

据西晋司马彪《续汉书》等史书记载，烧饼是汉代时从西域传入的，故在当时被称作“胡饼”。《资治通鉴》中则记载了一则轶闻，说的是安史之乱的时候，唐玄宗与杨贵妃出逃至咸阳，陷入了无米下锅的窘况，一行人饥肠辘辘，于是，时任宰相的杨国忠便屈尊去市场买来了胡饼给众人充饥。

而且这种非常普通的面点，竟然还成了大诗人白居易赋诗的选材。他有一首《寄胡饼与杨万州》：“胡麻饼样学京都，面脆油香新出炉。寄与饥馋杨大使，尝看得似辅兴无。”大诗人的胡饼是寄给好友、当时被贬为万州刺史的杨归厚[⑨]的，他在

⑨ 杨归厚在家里排行第八，所以在一些古代文献中也有称他为“杨八”的。

虢国夫人游春图
唐
张萱

诗中除了描述胡饼的形态、味道，还问询好友这些在咸阳买到的饼像不像长安“辅兴坊”的胡麻饼。

另外，比较有趣的是，“烘”这个字虽然包含火字旁，而且最基本的意思也与火有关，但在有些情况下，它仅仅表示加热，却并不强调用于加热的介质。例如近代文人吴恩元所著《兰蕙小史》，里面就记载了“烘春兰”这种古代的兰花催花技术：缸内盛水，将春兰架铺在水面之上，用火给水加温至适宜温度，促使春兰提前开放，以便于挑选。这里提到的“烘”，主要指用蒸汽升温，火虽是必不可少的条件，但起的却是间接作用。

与“烘”相较，“炙”由于最初表示炙烤肉类这种行为，后来又发展出“烤肉”这类美食的含义，所以它也就自然而然地带上了深层的言外之意。例如杜甫的七言乐府诗《丽人行》，其中结尾两句："炙手可热势绝伦，慎莫近前丞相嗔。"写的就是当时权倾朝野、不可一世的宰相杨国忠。其中的"炙手可热"一词，形象地刻画了像他那样权焰方张之人对其他人的影响就像用火直接炙烤人的手一样。

宋代文人盛烈有一首称颂黄庭坚后人黄吟隐的诗作《送黄吟隐游吴门》，诗中有"脍炙人口徒属餍，还来只字不堪煮"之句，在称赞黄门后人诗文水准极高的同时，也慨叹文章不能当食物来充饥，既表达了诗人对黄氏文采的欣赏，同时也流露出对其贫寒境遇的同情。

"脍炙人口"，原义为经过精细加工的鱼肉等美食在人的口腔中回味悠长，而好的文章在人们口中传诵，就好像美食带给人们的享受一样，所以，这个成语后来就成了被人传诵不绝的好词、好句、好文章的象征。"属餍"的含义是饱足，而"只字不堪煮"与苏东坡《虔州吕倚承事，年八十三，读书、作诗不已，好收古今帖，贫甚，至食不足[10]》中"饥来据空案，一字不堪煮"的意思一样，都意谓文人的书籍可能汗牛充栋、文章可能灿若

⑩标点为本书作者所加。

朱子像
明
郭诩

锦绣，可是物质生活却往往非常拮据，而且还会忍饥挨饿。

由此可见，创作出传世经典的文人墨客，当初未必能够过上衣食无忧的日子，甚至连温饱都可能是一种奢望。然而，他们创造的精神财富却是后人取之不尽、用之不竭的营养宝藏，哺育、滋润着一代代中华儿女的心灵。

从贤者那里汲取知识与养分，尤其是亲身接受教育与熏陶，古人将其称作“亲炙”。例如朱熹《论语集注》中有言：“程子曰：圣人之道犹天然，门弟子亲炙而冀及之，然后知其高且远也。”还有清代浙江鄞县文人万斯选《题钱清溪少参遗册》诗中亦云：“我生在后时，丰采未亲炙。”显然，能够亲眼领略圣贤的风采、亲耳聆听圣贤的教诲，这是古代文人的荣幸。

揉 róu

和 huó

饧 xíng

小篆

隶书

楷书

行书

“和”是个多音字，现在工具书上一般标注了五种读音，而且在“暖和”“热和”等词语里，它还要读作轻声。这个字左边的“禾”表示字的读音与它接近，右边的“口”表示字的意思与“口”有关，其最初的意思是声音相应和，或者表示和谐地跟着唱或伴奏，读音是 hè。许慎在《说文解字》中对它的解释是：“相应也。”例如“曲高和寡”，再如白居易《酬微之》：“满帙[1]填箱唱和诗，少年为戏老成悲。”

这个字与表示乐音和谐的“龢[2]”从汉代起就常常通用，后来，用“和”的情况逐渐居多，而“龢”在如今只用于人的名字。

① 这个字读作 zhì，最初意思是用布帛制成的书画封套，后来也用作装套的线装书的量词。

② 这个字读作 hé。

“和”与烹调以及食品加工相关的读音与含义有两种：一种读作 hé，意思是调和、调味；另一种读作 huó，意思是在面粉一类食材中加水等液体，搅拌或揉弄，使之有黏性。

《尚书·说命》中有：“若作和羹，尔惟盐梅。”这句话是殷高宗武丁时期的贤相傅说所说的话，有两层意思：一层意思是盐和梅子均为调味所需，是制作羹汤一类美食的必备材料；另一层意思是贤良之人是国家需要的人才，因为处理国家事务与调和五味原理相似，需要有德才兼备的人审慎协调各方权益、妥善处理各种情况。

“和”之所以后来产生 huó 的意思，本质上也源于它所含的“和谐”等意义，因为揉合面粉等材料，是为了使之达到完全融合的状态，而在这种意义的基础上，后来又产生了“和熊”“和丸”这样的说法。例如清朝有位湘军将领名叫胡林翼，他的母亲去世之后，有人赠挽联云：“夫作大儒宗，裙布荆钗，曾分黄卷青灯苦；子为名节度，经文纬武，都自和丸画荻来。”该联上联说的是胡母辅助夫君，下联说的则是

朝夕纳诲图 钦定书经图说
清

她教育子女。对联中的“和丸”，意思是用熊胆调制药丸，用它来给在深夜中读书的儿子提神；“画荻”则出自宋代大文豪欧阳修其母教子的典故，意思是欧阳修幼时家境贫寒，所以他的母亲便让他用“芦荻”的茎秆在地上写字、学习。

我们都知道，在一般情况下，和面需要不断地搅拌和揉，“揉”是其中一道必不可少的环节。“揉”这个字左边的“扌”已经表明这个字与手相关，右边的“柔”则表示字的读音与它接近，但是这个字本身出现的时间却比较晚，而最初表示同样意思的，反而是与火有

关的“煣”字。对于左边是“火”的那个“煣”字，《说文解字》中的释义是：“屈申[③]木也。”也就是通过用火烤，使原本笔直的木料弯出一定的弧度，或者使原来弯曲的木头变直。

不论是把直的变成弯的，还是把弯的变成直的，其意图都是根据需要，把材料加工到柔顺、服帖状态。而“揉面”显然意味着把包括面粉在内的材料加工到类似“顺服”的程度。同时，由于加工过程离不开手的参与，所以后来便出现了提手旁的“揉”这种字形。

宋代文人钱惟演《春雪赋》：“才裦裦[④]而纷揉，更霏霏而交错。”所以，从这个意义上说，“揉面”或许也意味着把面粉和水等其他材料交杂、拌合到一起。当然，不管如何搅拌，最后都必须使食材达到充分融合的状态。而且“揉和”这种说法原本就有“融合”的意思，例如清代文人钱谦益《牧斋有学集》中《采花酿酒歌示河东君》：“酿投次第应火候，揉和停匀倚心手。”这两句话说的是在制作酿酒用的酒母时，各种原材料的投放应当依照一定的次序并掌握好火候，而熟练的心法与手法是使原材料充分融合的关键。

具有和面经验的人一定都知道，要想使面团达到理想状态，一味用蛮力揉弄肯定是不行的，也是得不偿失的，正确的方法应当是将揉面与饧面相结合。

“饧”这个字左边的“饣”表示字的意思与食物有关，右边原来的繁体字形“昜[5]”表示字的读音与它接近。许慎在《说文解字》中对它的解释是“饴和馓者也”，指一种饴糖和糯米混合制成的食品，例如唐代诗人沈佺[6]期《岭表寒食》：“岭外逢寒食，春来不见饧。”

与此同时，在有些文献中，“饧”的含义与饴糖的“饴”相同，也就是指糖稀。例如苏东坡《南歌子·晚春》：“已改煎茶火，犹调入粥饧。”

后来，这个字又产生了糖块、面剂子变软的含义，这也正是“饧面”的主要作用，因为“饧”就是要使面团中的各种材料充分融合，从而使面团变得软硬均匀。

③ 这里同“伸”。

④ 意为纷繁众多的样子。

⑤ 这个字读作 yáng，古代同“阳”。

⑥ 这个字读作 quán，一般用于人名。“偓（wò）佺”一词专指古代传说中的仙人。

再行一步

因为“饧”具有食物变软或者使食物变软的含义，所以它后来又被用来表示人的精神萎靡、眼睛半睁半闭的那种状态。例如近代文人、元世祖忽必烈后裔冒广生所著《小三吾亭词话》，其中引其七外祖、清代文人周星誉《东鸥草堂词》中作品的佳句：“绣帆收了，正雨丝初歇。十里香尘熨柔碧。看绿杨阴外，楼阁濛濛，是多少、春睡初醒时节。犀帷[7]催唤起，饧眼慵揉，刬[8]袜跉[9]向人立。”

这段话完全是一幅春困图：一夜细雨，清晨初歇，多少楼阁烟雾中；闺房中，小姑娘被人唤起，睡眼惺忪，只穿上袜子就下了地，步履蹒跚，恍惚依然睡梦中。

婴幼儿睡醒揉眼的动作想必醉了无数父母心，这个“揉”字，就是由它“团弄”的含义发展而来，表示轻轻地反复擦拭。再往后，“揉”就可以表示一般意义上的擦拭与搓弄了，例如宋代词人秦观《南歌子》：“香墨弯弯画，燕脂淡淡匀。揉蓝衫子杏黄裙。”这描写的显然是一位妙曼女子，她俏染蛾眉，淡施粉妆，着湛

⑦ 犀牛角装饰的帷幔。

⑧ 在这里读作 chǎn，旧同“铲”，如“刬除”。“刬袜”的意思是只穿着袜子在地上走。

⑨ 这个词读作 língpíng，意思是孤独的样子，也指步态不稳的样子。这里是后一种意思。

十二金钗图册 李纨
清
费丹旭

蓝色的衣衫、杏黄色的长裙。词句中的“揉蓝”，原本指由浸泡、揉搓蓝草所制成的染料，后来在诗文中也常常表示湛蓝色。

秦观的师长、大学士苏东坡曾经在生活窘迫时创作了充满乐天知命态度的《菜羹赋》，文中写道：“无刍豢以适口，荷邻蔬之见分。汲幽泉以揉濯，搏露叶与琼根。”句中的“揉濯”，指的便是搓洗。

这几句话大致是说苏大学士本人没有畜养能够提供肉食的牲畜，不过幸而有好心的邻居赠予的蔬菜，于是他便汲取泉水清洗菜蔬，并择取新鲜的叶子与净白的菜根作为熬煮菜羹的食材。

整篇文章都洋溢着一种自得其乐的通达情绪，东坡先生甚至说自己的菜羹，味道之美胜过牛、羊、猪、鱼、麋等肉类烹煮的羹汤，而且自己的手艺也足以睥睨春秋时曾经为齐桓公下厨烹饪的易牙，就连说过“若作和羹，尔惟盐梅”的商朝名相傅说也不是自己的对手。

“和羹”之说，的确道出了烹调的本质，同时，它还不仅局限于一种手法与技艺，也是反映出了一种处置纷繁事物时的心态与智慧。

大凡菜品，除了主料，一般亦有辅料与作料。各类餐馆后厨的条案上，那些琳琅满目的瓶瓶罐罐，恐怕多少会让厨艺生涩者眼花缭乱、望而却步；而对于操弄锅碗瓢盆、刀案勺铲于股掌之间的大厨们，这些繁复、杂陈的物件儿与材料，就像在他们熟练指挥、调动下跃动、起舞的音符与舞者，须臾间，和谐的“音乐”与惊艳的“舞蹈”便会流泻、回旋在柔和的灯光和洁净的餐台之间。

因此，“和羹”之“和”，就是意味着让各种不同的角色充分张扬个性、同时又彼此配合，从而达到完美融合的状态。

南朝文人沈约曾作乐府诗《需雅》八首，其一中写道：“实体平心待和味，庶羞[10]百品多为贵。或鼎或鼒[11]宣九沸，楚桂胡盐芼[12]芳卉。加笾[13]列俎雕且蔚。”这诗句写的是比较豪华的宴饮场面，各种美味以及精美的食器令人目不暇给，所以沈约认为，只有静下心来，才能品尝调味得当的美味。“需雅”是源自古乐府诗歌的“七言歌行”中的一种。

美味大都来自调味，然而，世间也存在着大巧若拙、大道至朴的情形。宋代司马光创作的《送吴耿先生》，主要是写汉代辅佐光武帝刘秀中兴的良臣吴汉和耿弇[14]，其中有“大[15]羹无和味，至乐寡知音”两句，意思是臻于化境的羹汤并没有调和五味，而美到极致的音乐一般也都知音寥寥。其寓意是无论人或事，其中那些极其出类拔萃者，一般都脱离了世俗的烟火气。

但对于普罗大众来说，万众一心才是和合之道，而且，这也是国家、民族的昌盛之道，就像《三国志·蜀志》中所说的：“故国内和一，大小戮[16]力。”

⑩ 这里同“馐”。

⑪ 这个字读作 zī，指上端收敛而口小的鼎。

⑫ 这里读作 mào，意思是拔取。

⑬ 这个字读作 biān，指古代祭祀或宴饮时盛果品、干肉等的一种竹器。

⑭ 这个字读作 yǎn，最初表示遮盖。

⑮ 旧读 tài。

⑯ 按照现代规范，应作“勠”。

饪

rèn

炊

chuī

“炊”这个字左边的“火”表示字的意思与火有关；右边的“欠”，一般认为是吹奏的“吹”省掉了口字旁，在这里，表示字的读音与它接近；左右合在一起，表示烧火做饭。例如唐代诗人王维《积雨辋川庄作[1]》：“积雨空林烟火迟，蒸藜[2]炊黍饷东菑[3]。”

许慎在《说文解字》中对“炊”的解释是：“爨[4]也”。而段玉裁在《说文解字注》中则认为“炊”是古代齐国一带通行的说法。

关于“炊”这个字，也有人持这样一种意见，认为它右边的“欠”或许还可以看作是字义的组成部分。因为“欠”这个字的甲骨文写作等，描画的是一个

小篆

隶书

楷书

行书

① 也有版本作《秋归辋川庄作》。“辋”读作 wǎng，原本指车轮最外圈圆形的框子。

② 这个字读作 lí，指一种一年生草本植物，其嫩叶可食，又名“灰条菜”。

③ 这里读作 zī，意思是刚刚开垦并耕过的田地。

④ 这个字读作 cuàn，字义见第 32 页注释。

跪坐的人张大嘴巴，表示打哈欠，所以也暗含着呼出气流的意思。而烧火做饭，必须借助气流来生火并使火燃烧变旺。因此，“炊”就表示以气流助燃，也隐含着用嘴“吹”的意思。

而且在古代，“炊事”的“炊”确实也可以代替“吹气”的“吹”。例如唐代史学家刘子玄《思慎赋》中即有“烈火照其潜燎，冲风炊[5]其上抟[6]”之语，这两句话的意思是火光映射着潜藏的火源，狂风席卷着烟气升腾、聚成云团。

诗句中的“冲风”指的是暴风、烈风。例如《楚辞·九歌》：“与女[7]游兮九河，冲风起兮横波。”

烟气积聚成云团，这种现象显然与炊事有着十分密切的关系，而且“大漠孤烟直，长河落日圆”那种寥廓而又直击心灵的景致，早已深深地嵌入了人们的脑海之中。

明朝诗人胡安有一首以《固原》为题的诗，诗中写道：“柳色凋残雨未收，阳关西去更堪愁。平川落照连秦苑，古道炊烟覆驿楼。刁斗风清初禁夜，毡帷月冷尽防秋。云山最是凄凉地，今夜边关第一州。”

九歌图卷之河伯
元
张渥

“固原”指的是现在宁夏回族自治区的固原市，它是中华大地上最古老的城池之一，建城历史悠久，地处西部边陲，是闻名中外的“丝绸之路”上的重镇。“刁斗”也称“金柝[8]”“焦斗”，指的是古代军队的一种用具，形状与大小似斗，铜质，有柄，白天用来烧饭，晚上则用来敲击巡逻。

胡安的诗大概是在晚秋时节西行至固原时写的，身处边关，又逢秋雨绵绵，回望落日余晖中的中原，眼前却是炊烟笼罩

⑤ 亦有版本作“欻”“歘”等。

⑥ 这个字读作 tuán，原本指把东西团弄成球形，后来也表示集聚或球形。

⑦ 这里读作 rǔ，意思通“汝”。

⑧ 这个字读作 tuò，指古代打更用的梆子。

中的驿站，还有耳边传来的戍边军营中伴着月色的巡更鼓声，这令诗人内心深处不禁产生出凄凉的意绪。

经历过官场浮沉，也曾辅导过皇子读书，但最终还是弃官归家的明代文人华察也写过一首《秋日观稼楼晓望》，虽然诗中有远离尘世之后的独居惆怅，但是诗人却依旧惦念着秋收。全诗是这样写的："日出天气清，山中怅幽独。登高一眺望，风物凄以肃。流水映郊扉，炊烟散林屋。秋原一何旷，薄阴翳荒竹。时闻鸟雀喧，因念禾黍熟。悠悠沮溺[9]心，千载犹在目。"

在南宋诗人张九成笔下，"炊烟"则成了"人烟"的象征。他在《正月二十日出城》中写道："江山多景物，春色满汀洲。隔岸花绕屋，斜阳明戍楼。人家渐成聚，炊烟天际浮。"

炊烟意味着烧火做饭，也就是一定有人在烹饪。"饪"这个字左边的"饣"表示字的意思与食物有关，右边的"壬"表示字的读音与它接近。许慎在《说文解字》中对它的解释是："大熟也。"意谓食物完全成熟，大致相当于现在我们所说的"十成熟"。

很显然，"饪"最初指的是烹制食物的成熟程度，所以《论语》中还记录了孔夫子的话："失饪不食。"也就是不吃烹煮失当、生熟程度欠妥的食物。这倒是非常符合现在大家都比较关注的养生与健康理念，不熟或者过熟、甚至已经焦煳的食物一定是不利于人体健康的。

"饪"虽然原本与"熟"相关，但是"饪熟"这种说法指的却是"烹调"了，例如《魏书·列传第七十四·孝感》："饪熟之节，必亲调之。"这说的是南北朝时期北魏的一位孝子赵琰[10]尽心侍奉双亲，总是亲自下厨为父母做饭。

后来"饪"这个字也产生了"烧煮食物、做饭菜"的含义，而这就是我们所说的"烹饪"了。例如南宋大诗人陆游《食荠十韵》云："采撷无阙[11]日，烹饪有秘方。"

⑨ 指春秋时的两位隐士"长沮"和"桀溺"。也泛指隐士。

⑩ 这个字读作 yǎn，最初指一种美玉。

⑪ 意思通"缺"。

再行一步

提到烹饪，前面在《烹》一篇中，已经解读过“治大国若烹小鲜”的说法。另外，“调和鼎鼐[12]”这种表示处理国事的成语也所见不鲜。而“饪鼎”恰好就是由“烹饪的鼎”的义项，引申出朝廷大政的含义。例如《魏书·列传第九上·献文六王》：“元弟禧虽在事不长，而戚连皇极，且长兼太尉，以和饪鼎。”这是北魏献文帝拓跋弘和几位臣子谈他的儿子、咸阳王元禧的一段话，大致意思是，这个孩子虽然处理政务时间不长，但也是皇族血脉，而且兼任太尉，参与朝廷大政。

皇子辅佐朝政，一般都是辅助父辈君王，而前面提到的孝子赵琰，为双亲下厨烧饭，同样是做子女的一种本分。而且在古代先贤笔下，“炊饭”还是一种特别美的意象。

大诗人陆游有多首诗作都与“炊饭”有关，其中既有以《炊饭》为题的诗：“米分斋钵供，薪拾堕巢枝。偶尔成幽事，欣然慰午饥。”也有在诗文中出现“炊饭”字样的《病中遣怀》《秋雨》《十一月上七日蔬饭骡岭小店》《题斋壁》等等，其间诗句有“菘[13]芥

⑫ 这个字读作 nài，指一种比较大的鼎。

⑬ 这个字读作 sōng，古时对白菜类蔬菜的通称。

京口送别图卷
明
沈周

煮羹甘胜蜜，稻粱炊饭滑如珠”；“雨声疏复密，窗影暗还明。赤米香炊饭，青蔬淡鬻羹”；“新粳炊饭白胜玉，枯松作薪香出屋”；“二升菰米[14]晨炊饭，一碗松灯夜读书”。

南宋词人熊禾则填过一首《婆罗门引·送张监察出闽》，上阕写道：“秋宵倦起，起来风露湿人衣。休休未是早行时。旋摘青蔬炊饭，暖酒就炉围。值青山有意，且把诗题。”词中的“休休”有多种含义，在这里应当表“闲适、安闲”之意。可见，上阕写的是词人早上起来为朋友准备饯行的食物，心中颇有不舍，所以说“未是早行时”“值青山有意”等等。

友人临别，的确是情真意切、难舍难分；而堪比手足的兄弟，彼此间的情感也同样深重，所以古人才说“兄弟同心，其利断金”。但是，生活在同一个屋宇下的童年玩伴，总是要长大成人，

[14] 指植物茭白所结的籽儿。

而成人之后，各自组建家庭也是理所应当的事情。因此，原本吃同一口锅里烧出来的饭菜的兄弟，总要面对自立门户的情形。

古人对于兄弟分家有一种说法叫作“分爨”。“爨”这个字既有“炊”烧火做饭的含义，同时也指炉灶，所以“分爨”就意味着分灶烧饭。

清代文人褚人获编著的《坚瓠集》里面，有一篇《兄弟友爱》，记述的是唐朝时生活在陇西、同父异母的冯氏兄弟的故事。故事的梗概是，由于冯氏长子的继母一时起了私心，所以想让继子自立门户，即“母欲分爨”，而冯氏长子内心仁厚，既孝顺父母，也爱护兄弟，因此就对继母说：“父母俱存，兄弟无故，何忍析居？”

当然，故事最后的结局是皆大欢喜的。据说冯氏长子的拳拳之心最终打动了继母，于是一家人又愉快地生活在一起。

冯氏长子所言的“无故”指的是兄弟之间没有宿怨，而“析居”的字面意思则是分开居所，也就是分家。

与“析居”这种说法非常近似的，还有“析箸”一说。例如清代文人纪晓岚《阅微草堂笔记·滦阳续录一》：“其弟永泰，先亡。弟妇求析箸，不得已从之。”

“箸”是吃饭用的筷子，把筷子都分了，显然这就意味着分家。而且，我们根据这种说法，似乎还可以揣摩到一点古人对于分家的看法。因为筷子必须成双成对，一根筷子势单力薄不说，一般情况下也无法用来吃饭，可见古人对于分家一事基本上是持否定态度的。但是，社会总是多元的，而且随着时代的发展，人们的生活方式也不可能千篇一律，因此，人际的友爱和情感的和谐或许才是人们永恒的追求。

对于血脉相连的亲人来说，如果有人不幸遇到困难，大家伸出援手想必是再自然不过的。而关于异常艰难或危险的情状，古代还有“剑头炊”“炊剑首”等说法。

在剑头上做饭，顾名思义，这简直等同于“虎口夺食”了。例如陆游的《有感》：“书生事业绝堪悲，横得虚名毁亦随。怖惧几成床下伏，艰难何啻剑头炊！”

另外，据《晋书》记载，东晋官僚桓玄、殷仲堪等人一道玩文字游戏，其中一个题目是用诗句描述极其危险的情况，当桓玄说出“矛头淅[15]米剑头炊”之后，殷仲堪说出的则是“百岁老翁攀枯枝”。不过，这样的老翁实在是顽皮得可以。

⑮ 这个字读作 xī，在这里是淘米的意思。

炖

dùn

焖

mèn

燜

“焖”这个字左边的“火”表示字的意思与火有关，右边的“闷”表示字的读音与它接近，一般工具书上的释义是：一种烹调方法，盖紧锅盖，用微火把饭菜煮熟。

但是，“焖”这个字产生的年代却比较晚，东汉许慎的《说文解字》中，收录的是一个与它意思相近的字“炰”，读作 ēn。《说文解字》中，“炰”的释义是：“炮肉，以微火温肉也。”而段玉裁在《说文解字注》里，则进一步解释说：“依《广韵》所引本。《玉篇》同。既云炮炙，又云以微火温肉者，嫌炮炙为毛烧，故又足之，言不必毛烧也。微火温肉所谓焦[1]也，今俗语或曰乌，或曰煨，或曰

小篆

隶书

楷书

行书

① 这个字读作 fǒu，意思是蒸煮。

焖，皆此字之双声叠韵耳。”

段玉裁的考据首先参照了《广韵》《玉篇》等古代工具书，然后论定许慎用“炮”和“微火温肉”诠释“衮”是比较全面的，最后，他又表示，当时已经出现了若干种与“衮”意思相近的词，如“乌、煨、焖”等等。

署名“落魄道人”、以讽刺贪婪和劝人向善为主旨的清代小说《常言道》[②]，里面有“一次汤罐里焖鸭，一次火烧团鱼”；当代文学家沈从文在其《边城》里则说“一到家里就会嗅到锅中所焖瓜菜的味道”。

当今的各种“焖”菜系美食中，最著名的大概要数北京的“焖炉烤鸭”了，这是中华美食“烤鸭”的一个重要流派。这种方法的要领是鸭坯不着明火，在烤制之前，先将燃料放进炉内点燃，使炉膛升至一定温度，再把火灭掉，将鸭坯放在炉中铁罩上并关紧炉门，全凭烧热的炉壁将其焖烤致熟。

其实，除了菜肴，一碗软糯晶莹的焖米饭往往不需要任何佐餐菜品，那扑鼻的稻米清香就足以下饭了。当然，对于喜荤者来说，如果再有三两块滋味醇厚绵长的炖肉，那可真是神仙一般的日子了。

与“焖”相比，“炖”这个字出现的时间要更早一些，只是最初的时候，既有现在我们通用的这种字形，还有左边是“火”、右边是“敦煌”的“敦”的一种字形。前后两种字形虽然笔画繁简有别，但是构字方式却完全一致：左边的“火”都表示字的意思与火有关，右边的部分则表示字的读音与其接近。

按照南北朝时期顾野王编纂的《玉篇》等古代工具书，“炖”和“燉”二字的含义最初都与烹调无关。现在我们使用的“炖”，最初意谓风助火势，使得火势旺盛；同时也表示赤红色。而笔画相对多一些的“燉”，最初则单纯表示火势旺盛这种状态，这时读作 dūn。后来，在汉字简化时，由于二字的读音与含义都很接近，所以就将这两个字的意义合并，并选用了现在我们使用的“炖”

② 亦名《富翁醒世传》《富翁醒世录》等。

字作为规范的标准字形。

看来，以前这两种字形的最初含义都与火的状态有关，例如清朝乾隆皇帝的《御制诗集》中有一首《松明火》，诗中写道："塞山云沉天冥冥，虞人薄夜燃松明。……燉燉熵[3]熵烨荧荧，大明韬光入云軿[4]。"

这首诗写的是阴云密布的天气里，傍晚掌灯时分，掌管山林沼泽的官员在山里燃起了松明火把，火光炽盛，山野一片通明，而太阳仿佛是收敛了光芒，躲进了神仙羲和驾驶的马车里。

"松明火"指的是点燃松树枝条而生出的照明火，这是古代人常用的一种照明方式。例如苏轼《夜烧松明火》："夜烧松明火，照室红龙鸾。"还有陆游《道室杂题》之三："勘书窗下松明火，采药溪头槲[5]叶衣。"

乾隆帝诗句中的"虞人"是从远古尧舜时期就开始设置的官职，主要负责管理山林沼泽、动植物园林以及田猎事务。"大明"在这里指的是太阳，而"云軿"指的则是神仙乘坐的车辇。例如清代龚自珍《忆瑶姬》词："玉京宫殿杳，怅九霄仙佩，不下云軿。"

宋代文人刘一止所著的《苕溪集》中，有一首《雪

乾隆《御制诗初集》
清

夜一首呈傅舍人》，诗中有：“朔风无端卷入幕，短檠滉[6]瀁吹花落。……老妻自起倾残樽，麒麟活火红燉燉……”这是个北风呼号、漫天飞雪的夜晚，灯影摇动的屋里，麒麟火炉中的炭火正旺，勉强可以抵御室外的严寒。

诗句中的“滉瀁”意为闪动、摇动。例如白居易《昆明春水满》：“影浸南山青滉瀁，波沉西日红奫[7]沦。”还有陆游《己巳正月十八九间雪复大作不止》：“卷帘惊滉瀁，下榻觉蹒跚。”

③ 这个字读作 yù，意思是火光。

④ 这个字读作 píng，指古代一种有帷幔的车，多供女性乘坐。

⑤ 这个字读作 hú，指一种落叶乔木，其叶子和果实可以入药。

⑥ 这个字读作 huàng。

⑦ 这个字读作 yūn。

再行一步

“炖”既然可以表示火势旺盛以及火红的颜色，所以它后来就产生了用火加热食物的意思，而且还进一步细分为把水烧开后用文火长时间慢煮食物，以及把食物放在容器中隔水长时间加热两种含义，例如小鸡炖蘑菇、冰糖炖燕窝等等。

慢火炖煮的菜品，以东北地区的最为著名，猪肉炖粉条、小鸡炖蘑菇、排骨炖豆角等都是其中比较突出的代表。而隔水炖煮食物则是珠江三角洲一带烹饪的典型做法之一，因为这种方法可以最大限度地保持食材的原汁原味，而且取材范围亦十分广泛。

但是，就像前面提到的，无论是哪种字形，“炖”最初的含义都与烹调无关，而且从表面上看，它还常常给后来一些意义和用法都比较固定的其他汉字充当替身。例如南宋诗人谢翱《秋日拟塞上曲》：“落日燉⑧煌北，妖星⑨太白⑩西。凉风吹沙碛⑪，帐下玉人啼。吹沙复吹草，嘶马未知道。醉后闻塔铃，胡天忽如扫。野驼寻水向月行，露下胡儿食秋枣。”

这首诗主要描写的是西北沙漠、戈壁的景色，里面的“燉煌”，

⑧ 为客观如实反映原文，保留异体字“燉”，下同。

⑨ 指流星、彗星一类。

⑩ 即“太白星”，通名“金星”。

⑪ 这个字读作 qì，原指水中由沙石聚成的沙洲，后来也指沙漠。

敦煌壁画 张议潮统军出行图

指的就是"敦煌"，在司马迁《史记·匈奴列传》中，也有相同的用法："自此之后，单于益西北，左方兵直[12]云中，右方直酒泉、燉煌郡。"

然而，有趣的是，在《史记·大宛列传》中，出现的却是"敦煌"。例如，"始月氏[13]居敦煌、祁连间，及为匈奴所败，乃远去"。我们通过对照其他文献可知，"燉煌"和"敦煌"确实一直处于交叠运用的情况。例如唐代诗人岑参《燉煌太守后庭歌》："燉煌太守才且贤，郡中无事高枕眠。太守到来山出泉，黄砂碛里人种田。燉煌耆旧鬓皓然，愿留太守更五年。"

关于敦煌地名的由来，《康熙字典》在"燉"字条目下有："又燉煌，郡名。《汉书》作敦煌。煌，大也。"与此同时，《康熙字典》在"煌"字条目下又有："应劭曰：敦，大也；煌，盛也。"

"敦"这个字最初表示攻伐，后来又发展出治理、督促等

⑫ 这里通安置的"置"。

⑬ 这里读作 zhī，"月氏"是我国古代西北一个游牧民族。

义项，而且也可以表示“盛、大”之意。考虑到“燉”本身就有“火势旺盛”的含义，我们或许可以推断，敦煌地名的由来应当与当地的自然环境有关——戈壁千里，日照像火一样炽热。

宋代诗人何梦桂有一首《感怀再和山房韵》，其中有：“岩溜晴霢霂[14]，野烧夕燉煌。”这两句诗写的是天气晴好的时候，岩石上的冰凌开始滴滴答答地融化，而旷野上的枯草在黄昏时分自燃，于是天地之间弥漫起一片耀目的赤光。诗句中的“燉煌”一词，描写的就是炽盛的火光与火势。

“燉”除了用于“燉煌”，它在一些古代文献中还被用来替代表示日光明亮温暖之意的“暾[15]”。例如南宋文人施元之在其《施注苏诗》里为苏东坡的五言诗《戴主簿》作注的时候，针对其中“海南无冬夏，安知岁将穷”等诗句，就注释道：“广南节气，四季温燉，当盛暑北风而雨便似穷秋，或严冬南风而晴却如初夏。时之寒暑系在阴晴。[16]”注释中的“温燉”即“温暾”，意思是不冷不热、微暖，也作“温吞”。

上面这几句注释的大致意思是说苏东坡的贬所海南，四季如春，当地天气的冷热变化基本依靠阴晴和风向来调节，盛夏

⑭ 这个词读作 màimù，意思是小雨。
⑮ 这个字读作 tūn。
⑯ 标点为本书作者所加。

季节如遇北风，阴雨之后便仿佛进入寒凉的晚秋；而到了冬天，如果南风吹拂，天气晴好，便恍如仍在初夏时节。

清代文人朱彝尊的《曝书亭集·笛渔小稿》中有一首专门写家猫的《狸奴叹》，把这位“家庭成员”刻画得惟妙惟肖。诗中写道：“摇尾翻碗碟，潜身入庖厨。夏踞光滑簟，冬偎温燉炉。叫啾夜逐队，跳掷晨引雏。饱即占藤墩，倦即眠花坞。一任鼠陆梁，咬文籍衣襦[17]。”

这只“老爷猫”显然不是来捉老鼠的，俨然成为家里的主人，所以，它可以自由自在地出入厨房找吃的，夏天还要卧在凉爽的竹席上，冬天则要靠近暖炉取暖，夜里又会成群结队地呼朋引伴、追逐嬉戏，清晨则带着小猫学习跑跳攀爬。吃饱了便在藤垫上歇息，累了就去花坞打个盹儿。但对于啃书、糟蹋衣服而且越来越嚣张的老鼠，“老爷猫”则是不屑于理会的。

戏猫图
宋
佚名

⑰ 这个字读作 rú，指短衣短袄。

酵

jiào

酿

niàng

釀

小篆

釀

隶书

釀

楷书

釀

行书

“酿”“酵”这两个字除了在含义上有关联之外，还有一个共同特点：都很容易被读错。前者的繁体字“釀”容易被读成 rǎng，后者则容易被读成 xiào。因此，首先要关注它们的正确读音。

“酿”这个字左边是表示古代一种容器的“酉”，在甲骨文中，被写成犹如容器轮廓的，或者被写成容器中还盛有东西的等。根据许多文字学家的解读，这个字最初指的就是一种盛酒的器皿。所以，“酿”这个字应当与“酒”有关。而它右边的“良”，以前写作湖北省襄阳市的“襄”，无论是“良”还是“襄”，都表示该字的读音与它们接近。

铜公卣

许慎在《说文解字》中对“酿”的

解释是："酝也。作酒曰酿。"即酿酒之意。

诗仙和诗圣都是好酒、善饮之人，诗文中涉及酒的篇目也不胜枚举，例如李白《哭宣城善酿纪叟》："纪叟黄泉里，还应酿老春[1]。夜台[2]无晓日，沽酒与何人？"还有杜甫《遣意二首》之一："啭枝黄鸟近，泛渚白鸥轻。一径野花落，孤村春水生。衰年催酿黍，细雨更移橙。渐喜交游绝，幽居不用名。"

诗仙似乎一生与酒结缘，而且属于无酒不欢的豪饮之辈，因此，一代酿酒名家纪老驾鹤西归，这对于李太白来说，无疑是既痛失了一位友人，同时也断了一处佳酿的来源，所以诗仙痛彻心扉，痛哭失声。于是，他一方面祈盼故人在黄泉依然延续旧业，另一方面又慨叹地府无天日，徒酿美酒又能卖与何人呢？

与诗仙的豪放相比，诗圣的闲适与恬淡，的确多了些许人间烟火气。他老人家的这首诗虽然写的是晚年远离尘世的隐居生活，却也充满了浓浓的乡野情趣。他是要在春天到来的时候，自己动手用粮食酿造春酒，自给自足，自得其乐。

酒之所以要酿，是由于造酒用的粮食、水果一类

人物故事图册 李白醉归图
元
刘贯道

原材料首先需要发酵，按照现代科学理论，这也是微生物分解有机物质的过程。明代文才武略俱佳的刘伯温曾经写过一首《题杂画卷子》，里面有“老班[3]性嗜酒，藻思发余酵”一句，借酒的发酵过程比喻诗文的构思酝酿，其中的“藻思”指的就是做文章的才思，“藻”即词藻。

“酵”这个字左边的“酉”也与“酿”一样，表明字的意思与酒有关；右边的“孝”则表示字的读音与它接近。

在宋代陈彭年等人编纂的韵书《广

① 指醇酒、好酒。

② 指坟墓，也代指阴间，例如唐代诗人刘禹锡《酬乐天见寄》：“夜台归去便千秋。”

③ 这里应当是“老班子”的省称，最初是对长期候补者的一种敬称，后来在一些地区也用来表示“老辈、长辈”等。

韵》中，把“酵”解释成：“酒酵。”这也就是现在我们所说的酒曲，即酿酒用的酒母、引子。例如宋代朱翼中编著的《北山酒经》中有言：“上等白面一斗，以生姜五两研取汁，洒拌揉和，依常法起酵，作蒸饼，切作片子，挂透风处一月，轻干可用。”

明代张自烈在其编纂的《正字通》中则说：“以酒母起面曰发酵。”这显然和我们现在所说的“发酵”的含义基本相同。例如宋代浦江美女大厨吴氏所著的《吴氏中馈录》里，就记载了一种名为“糖榧方”的面点的制作方法：“白面入酵待发，滚汤搜成剂，切作榧子样。”

当然，随着时代的发展，用作酵母的材料也在不断地推陈出新，现在用酒母作发面引子的情况大概已经不多见了，取而代之的首先是被我们称作“面肥”的面团，后来又出现了各种“干酵母”，这使我们一直能够享用到那种带着浓郁酵母香的各种发面美食。

然而，现在风靡于养生领域的“酵素”却不是用来酿酒或发面的。“酵素”这种说法原本是蛋白酶、转氨酶等各种“酶”的一种旧称，可近年来它却被当成减肥、养生的保健品，备受推崇。关注健康肯定是值得提倡的，但鉴于每个人自身的情况不同，还是在医生等专业人士的指导下，采取有针对性的方法想必更有益。

另外，关于酒曲的文字，《说文解字》中收录的是“酴”，也就是后来表示一种美酒——“酴醿”的那个“酴”字。例如唐代诗人贾至《春思》之二：“红粉当垆[4]弱柳垂，金花腊酒解酴醿。”

再往后，由于这种佳酿的颜色美艳，而且恰好同一种鲜花的颜色还非常接近，因此，“酴醿”又成了这种花的名称。例如陆游《东阳观酴醿》：“福州正月把离杯[5]，已见酴醿压架斤。”

④ 指卖酒。“垆”是放酒坛子的土墩。

⑤ 指饯别的酒。

漉酒图轴
明
丁云鹏

再行一步

“酴醾”是美酒，实际上，“酿”后来也可以指“酒”，例如“佳酿、家酿”等等。北宋文学家欧阳修填过一首《渔家傲》，词中写道：“一派潺湲[6]流碧涨。新亭四面山相向。翠竹岭头明月上。迷俯仰。月轮正在泉中漾。更待高秋天气爽。菊花香里开新酿。酒美宾嘉真胜赏。红粉唱。山深分外歌声响。”欧阳修在吟颂山、水、亭、竹以及皓月当空的同时，也在憧憬秋高气爽、东篱菊香的时节，因为到那时就可以酿造美酒，还能呼朋引伴，与朋友一道宴饮、娱乐。

辛弃疾也填过一首《鹊桥仙·庆岳母八十》：“八旬庆会，人间盛事，齐劝一杯春酿。胭脂小字点眉间，犹记得旧时宫样。彩衣更着，功名富贵，直过太公以上。大家着意记新词，遇着个十年便唱。”

这首词，一方面呈现出了辛弃疾岳母八十寿诞庆生宴的盛况，另一方面也表现出了辛氏夫妇对父母的孝顺。最后，通过岳母的妆容，以及众人向她敬酒等细节，说明老人家依旧身体

⑥ 这个字读作 yuán，“潺湲”指水流动的样子，后来也指流水和流水声。这里是第一种意思。

硬朗，也依然保持着一颗爱美之心。

好酒需要酿造，好文章、好想法、好策划等自然也需要反复酝酿，而“酝酿”这种说法，最初恰好也表示酒的发酵过程以及酿酒之举。例如唐代诗人陆龟蒙写过一首长诗《记事》，诗中写道：“近闻天子诏，复许私酝酿。促使春酒材，呼儿具盆盎。宵长拥吟褐，日晏开书幌⑦。我醉卿可还，陶然似元亮。”

诗人这几句诗写了在唐朝严明酒税、严禁私人酿酒的政策实施一段时间之后，又诏令放宽对私人酿酒的限制，因此，诗人连忙叫子女找出器具，着手酿酒。随后，诗人便开始手持杯盏，深夜吟诗、白日读书，酒意朦胧间，恍若化身为“我醉欲眠，卿可去⑧”的陶渊明。

诗文与美酒实在是相生相伴之物，想必像陶渊明这样腹有诗书气自华、超凡脱俗的文人，饮下酝酿精到的好酒，腹中便会腾涌出好的诗文，这也正是“酝酿”这词对由酿酒到孕育、熏陶，以及事物成熟之前准备过程等的一种生动写照。

辛弃疾有一首《声声慢·嘲红木犀》，他在词序中写道：“余儿时尝入京师禁中凝碧池，因书当时所见。”在词的上下两阕中，

⑦“书幌”，意思是“书房”。

⑧出自南朝梁沈约著《宋书·隐逸传》。

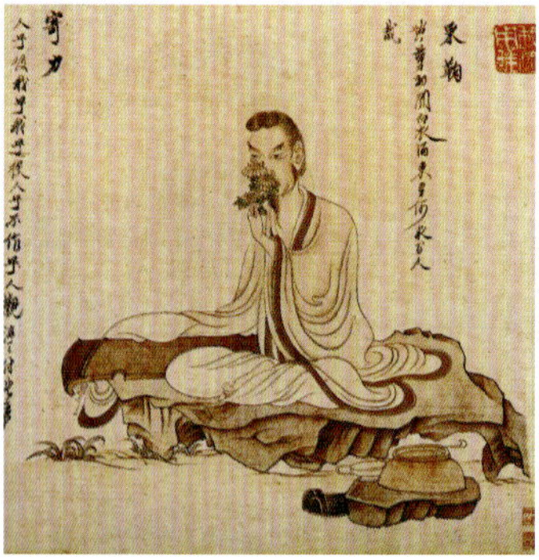

陶渊明采菊
明
陈洪绶

词人各用“十里芬芳，一枝金粟玲珑”“只为天姿冷澹，被西风酝酿，彻骨香浓。枉学丹蕉，叶底偷染妖红”等词句，吟诵他童年时曾经见过的红木犀。词中“酝酿”的意思便是红木犀经受秋风的栉沐，愈加“彻骨香浓”，体携芬芳。

恰巧两宋之际的官员、词人李弥逊也填过一首《蓦山溪 · 宣城丞厅双梅》，词的下半阕是：“我来胜赏，持酒花深处。天晓酿幽香，正一霎、如酥小雨。江山得助，臭[⑨]味许谁同，长安远，故人疏，梦到江南否。”

词人是到宣城郡丞[⑩]官衙赏梅，而且就像“东篱把酒”一样，一边饮酒，一边在梅树间盘桓。盘桓之际，词人隐隐嗅到清晨时分梅花蕴含的一缕清香，又适逢“天街小雨润如酥[⑪]”的时节，

⑨ 这里读作 xiù，意思同“嗅”。
⑩ 郡守的佐官。
⑪ 摘自韩愈《早春呈水部张十八员外》。

故不禁联想到前辈文人韩愈吟咏唐时帝都长安春景的诗文，于是借“长安”和“江南”来隐喻故国桑梓与流寓之所。面对现实中战乱频仍、亲朋离散的境况，词人心中难免怅惘，只能自问：故人尚得相忆否？

在这首词里，李弥逊用一个“酿”字来表现梅花含蕴清香、静默吐露的幽洁之姿，真切地向人们呈现了梅花的内涵与气质，用字精当，意境优美。

无独有偶，大文豪苏东坡有一首《减字木兰花·西湖食荔支》，写的是令他乐不思蜀的岭南荔枝。全词是：“闽溪珍献，过海云帆来似箭。玉坐金盘，不贡奇葩四百年。轻红酽白，雅称佳人纤手擘[12]。骨细肌香，恰是当年十八娘。”

与唐代张九龄的《荔枝赋》和白居易的《荔枝图序》相比，这首词的内容显然简单了不少，然而意境却美不胜收，一句“轻红酽白”将荔枝晕染般的柔红外壳和壳内晶莹雪白的果肉刻画到了极致，令我们似乎看到了那被捏在佳人玉手中，“骨细肌香”的果中尤物，连空气仿佛都被荔枝的清甜浸润了。

⑫ 这个字读作 bò，意思是用手剥开。

燑
tēng

馏
liù

蒸
zhēng

焗
jú

“蒸”这个字上面的“艹”表示字的意思与草木有关；下面的部分由丞相的“丞”和“灬”构成，合在一起读作zhēng，表示字的读音与它接近。许慎在《说文解字》中对“蒸”的解释是：“折麻中干[1]也”。段玉裁修正这个解释，说：“析，各本作折，误谓木。”

“析”的意思是劈开、分开，“析麻”就是把麻类作物茎秆上的表皮剥离下来，而剩下的部分就是“蒸”了，如《说文解字注》：“其皮为麻，其中茎谓之蒸。”因此，“蒸”最初指的就是剥去表皮的麻秸。

麻的秸秆是可以当柴烧的，所以“蒸”也就有了“柴草”的含义，例如《诗经·小

小篆

隶书

楷书

行书

① 在这里读作 gàn，指事物的主体、主干。

雅·无羊》："尔牧来思，以薪以蒸，以雌以雄。"这几句诗的意思是你一边放牧，一边顺手打了些柴草，同时也猎获一些雄的或雌的禽兽。

诗文中"蒸""薪"二字并用，这首先表明它们所指的是同一类事物，其次还说明它们二者之间也存在着一定的差异。通过对多种古代文献的考证，我们可知，"薪"比"蒸"粗大，也就是说，"蒸"是比较细小的柴草，所以常常被用作引火的材料。例如《广韵》中的释义："粗曰薪，细曰蒸。"还有唐代房玄龄在注释《管子·弟子职》中的"蒸间容蒸，然[②]者处下"这句话时，说："蒸，细薪。著之蒸间，必令容蒸，然烛者必处下以焚也。"

《管子》原文中的话和房玄龄的注释都表明，比较细小的"蒸"放置在柴草的中间和下边，其主要作用是引燃柴草的。

由于火一般都是从下往上燃烧，所以"蒸"后来就有了火焰、热气以至水汽等向上升腾的意思，这种含义就隐含了烹饪的意味，即蒸汽加热，使食物升温或者成熟。

宋人黄庭坚有一首《拨棹[3]子·退居》：“归去来。归去来。携手旧山归去来。有人共、月对尊罍[4]。横一琴，甚处不逍遥自在。闲世界。无利害。何必向、世间甘幻爱。与君钓、晚烟寒濑[5]。蒸白鱼稻饭，溪童供笋菜。”

这首词具有比较浓郁的江南水乡特色，实际上写的是作者对于归隐生活的一种想象与向往，他希望能够与志同道合者一起隐居山林，对月饮酒、弄琴，让周围的一切都慢下来、静下来，让自己不再计较利害得失，也不再为尘世爱恋羁绊。兴之所至，黄昏时可在溪边垂钓，钓上来的白鱼配米饭同蒸，鲜美极了，而且还可以从水乡童子那儿得到嫩笋与青菜。

蒸，是最大限度保持食材原味的烹饪方式之一。利用水蒸气的加热功效，也是处理方便食品以至剩饭剩菜等的一

② 这是“燃”最初的字形。房玄龄注释中的“然”与此相同。

③ 这个字读作 zhào，指船桨一类划船工具。

④ 这个字读作 léi，指古代一种盛酒的容器。

⑤ 这个字读作 lài，指从沙石上淌过的急流。

种方式，而这种加热方法一般被称为“熥”。

“熥”这个字左边的“火”表示字的意思与火有关，右边的“通”表示字的读音与它接近。宋代的《类篇》《集韵》等语文工具书都收录了这个字，对它的解释都是“以火煖[6]物也”，即用火温热其他的东西。现在，它的含义则是把凉了的熟食蒸热或烤热，这是“熥”这个字本义的发展。

与“熥”含义相近，但出现年代更早的还有一个“馏”字。对于“馏”这个字，《尔雅》《说文解字》等辞书都有收录。按照这两种工具书中的释义，“馏”的本义反而与“蒸”更加接近，即把食物蒸熟，而不是现在所表示的把凉了的食物再蒸热，例如《北山酒经》：“再馏饭约四更，饭熟即卸在案棹（同桌）上”。

唐代文学家韩愈有一首五言长诗《南山诗》，里面有“或如火熺焰，或若气饙[7]馏”这样两句，写的是山中景象有时明亮炽盛如火焰腾窜，有时云气缭绕又好似水汽弥漫。

宋代欧阳修也有一首悼念友人梅尧臣的七言长诗《哭圣俞》，诗中写道：“文章落笔动九州，釜甑过午无饙馏。”这两句诗是说梅尧臣文采虽然出众，但生活却十分窘迫，几乎是吃过午饭之后，晚饭就没有着落了。诗句中的“饙馏”指的是饭食，而不是“蒸饭”或“蒸腾的水汽”。

此外，“馏”这个字现在还有 liú 这种读音，一般用于“蒸馏”等词语，意思是通过加热，使液体汽化，再使蒸汽液化，从而去除其中的杂质。

近些年来，逐渐进入人们日常生活的还有“焗”这个字。“焗”这个字的基本含义是利用蒸汽，使密闭容器中的食物变熟，例如广东美食“盐焗鸡”。但是在有些美食的制作过程中，“焗”也意味着用火烤制，比如各式焗饭、焗意粉等等。还有“焗油”这种养护头发的方式以及相关用品，也是人们物质生活水平普遍提高之后的新生事物，不过现在也已经融入寻常百姓的日常生活中了。

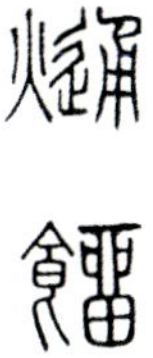

⑥ 这个字原本读作 xuān，意为温暖；后来也读作 nuǎn，通“暖”。现在，“暖”是规范用字，而“煖”则是“暖”的异体字。释文中的“煖”是前一种读音及意思。

⑦ 这个字读作 fēn，意思是蒸熟食物。

九蒸地黄 金石昆虫草木状
明
文俶

再行一步

上面提到的几个字都与用蒸汽加热或者蒸熟食物有关，然而也有人认为，最初表示类似意思的是“蒸”这个字里的“烝”字，因为这个字最下面的“灬”就是“火”字的变形，所以许慎在《说文解字》中对它的解释是：“火气上行也。”

不过据考证，许慎是依据小篆字形解读“烝”这个字的，而“烝”在金文里原本写作，形似容器中盛了米，因此，它最初表示的是进献、祭祀之意，例如《诗经・周颂・丰年》：“为酒为醴，烝畀[8]祖妣。”《礼记》中有“冬祭曰烝”的说法。

在小篆中，“烝”的字形发生了变化，所以也产生了火气、热气上升的含义，于是便同“烹制食物”建立了联系。例如一生富有传奇色彩、姓名和生卒年月均不详的唐代诗僧拾得所写的诗句：“炉灶石锅频煮沸，土甑久烝气味珍。”还有唐代诗人张籍祭奠其先师韩愈的《祭退之》：“踏沙掇水蔬，树下烝新秔。”

如此看来，且不论字形和字义产生的先后次序，至少，“蒸”“烝”二字在古代文献中确实存在着通用现象，而且除了“烹

⑧ 这个字读作 bì，意思是给予。

春泉小隐图卷
明
周臣

制食物”的义项，它们各自也都具有热气、水汽等向上升起的含义。

诗圣杜甫曾经写过一首《宿花石戍》，诗中写道：“午辞空灵岑，夕得花石戍……地蒸南风盛，春热西日暮……”这是诗人在投宿于一处名为“花石”的营垒时所写的诗，彼时正值春天，大地解冻，地气上升，春风和暖，夕阳西沉。

唐代诗人孟浩然则有一首吟咏洞庭湖的名篇《望洞庭湖赠张丞相》，诗中有“气蒸云梦泽，波撼岳阳城”两句，大意是洞庭湖水面开阔、雾气蒸腾，万顷波涛拍击着坐落于湖畔的岳阳城。

由于具有“热气上升”的含义，所以“蒸”也常常被用来表示炎热、闷热的感受与情景。宋代文学家欧阳修的《渔家傲》中就有“六月炎蒸何太盛。海榴灼灼红相映”之句，而唐代诗

岳阳楼图
元
夏永

人岑参的《经火山》中有言：“火山今始见，突兀蒲昌东。赤焰烧虏云，炎氛蒸塞空。”无论是标题还是诗句，都呈现出一派炽热的景象。诗文中的“蒲昌”是古代地名，即现今仍然有“火炉”之称的新疆维吾尔自治区吐鲁番市鄯善县一带。

由于“蒸”本身有上升之意，故而“蒸蒸”这种说法显然应该表示一种上升的状态了，例如清代蒲松龄《聊斋志异》的《翩翩》中云：“入门，各视所衣，悉蕉叶；破之，絮蒸蒸腾去。”

由于那些能够蒸腾、翻涌的事物，其自身往往也浓厚、繁盛，因此，“蒸蒸”后来也常常被用来表示事物的兴盛之貌。如唐代文学家柳宗元《南岳云峰寺和尚碑》中云："丕冒遗烈。厥徒蒸蒸"，文句中的"丕冒"，意思是"遍及"，"丕"意味着"大、广"，而"冒"则意味着"覆盖"。而"遗烈"的含义则是前人流传下来的业迹、风操等等。这两句话的大意是弘扬并传承先贤的美好事迹与操行，使受此熏陶的弟子蜂起辈出。

由"兴盛、浓厚"等含义进一步引申，"蒸蒸"后来又逐渐被用来形容人的纯一、宽厚之貌。例如《汉书·酷吏传》序："而吏治蒸蒸，不至于奸，黎民艾安。"官吏仁厚，没有奸猾之心，这显然是黎民百姓的福音。"艾安"意谓民生安定，宇内承平。

心地仁善，这自然是孝顺的前提，所以，东汉张衡《东京赋》中的"蒸蒸之心，感物曾思"，柳宗元《饶娥碑》中的"克供以修，蒸蒸在家"，里面的"蒸蒸"都是表孝顺之意的。

当然，我们现在的社会主义事业"蒸蒸日上"，这意味着亿万中华儿女在幅员辽阔的中华沃土上，为中华民族的伟大复兴，贡献着自己的一份力量。

煨

wēi

熘

liū

烧

shāo

烩

huì

燒

小篆

隶书

楷书

行书

“烧”这个字左边的“火”表示字的意思与火有关，右边的“尧”表示字的读音与它接近，最初的含义是用火点燃、焚烧其他东西，例如白居易《赋得古原草送别》中的“野火烧不尽，春风吹又生”。

许慎在《说文解字》中对“烧”的解释是：“爇①也。”后来，由点燃其他东西的含义又逐渐发展出给其他事物加热等义项，例如“烧水、烧火炕”等；而且它还具有了通过加热来烹制食物的意义，从而成为一种特定的烹调方法，例如“烧鸭、烧茄子、红烧肉”等等。

和“烧”的情况相似，“煨”这个字的本义也与烹饪无关，而是表示火熄

① 这个字读作 ruò，意思是点燃、焚烧。

灭后留下的仍然有较高温度的灰烬，《说文解字》中的释义是："盆中火。"段玉裁在《说文解字注》中则引了《玉篇》中的释义，说它的含义是把东西埋在热灰中使其变熟。

根据古代文献中的用例，我们可以得知，"煨"应当是从有余热的灰烬之意中又发展出了用热灰烘烤食物并使其变熟等含义。例如《战国策·秦策一》中的"犯白刃，蹈煨炭"，意谓勇敢面对敌方的刀枪，不惧怕赴汤蹈火。再如唐代诗人顾况《行路难》之三："睢水英雄多血刃，建章宫阙成煨烬。"诗人在这两句诗中回顾了项羽率数万兵士击溃刘邦数十万大军的睢水之战，以及汉武帝时期修建的园林式宫殿群"建章宫"毁于新莽末年战乱的历史。

宋代文人刘克庄填过一首《沁园春》，其中写道："夜炉芋美，与客同煨。"还有曾任国子监祭酒的明代文人魏观，他的诗作《宁国溪上（四首）》中也有"鼎沸茶初煮，炉香栗自煨"之句。两位文人各自与友人围着炭火盆或小火炉，烤芋头、烤栗子、烧水烹茶，一派怡然自得、悠闲不迫，完全是令人羡慕的安适生活与闲逸情致。

再往后，“煨”就有了用文火慢慢炖煮食物的含义，例如清代文人、画家郑板桥的五言长诗《李氏小园》：“小园十亩宽，落落数间屋。春草无秽滋，寒花有馀馥。闭户养老母，拮据市梁肉。大儿执鸾刀，缕缕切红玉。次儿拾柴薪，细火煨陆续。……弟兄何所餐，宵来母剩粥。晨起缝破衣，针线不成行。母年七十四，眼昏手又僵。……装成令儿暖，母衣单薄凉。不衣[2]逆母怀，衣之情内伤。”

② 这里读作 yì，意思是“穿”。随后的“衣”与此相同。

在郑板桥笔下，李氏兄弟和母亲相依为命，贫寒中不失亲情，而且也不失生活乐趣。他们居住的房屋院落确实简陋，但却整洁干净，而且还有四季花草。他们的日常生活虽然拮据，但是兄弟二人还是会用有限的零钱偶尔买很少一点鲜肉，用刀细细切碎，再用文火烹煮。每当侍奉老母进餐之后，兄弟二人才会

坐下来“打扫”母亲吃剩的粥。而七十多岁的老母亲，则用昏花的老眼和颤抖的双手为儿子们缝制棉衣棉被，自己却穿着单薄的衣物过冬。兄弟二人看着虽针脚错乱却厚实保暖的棉衣，不穿吧，生怕拂逆了母亲那份浓浓的慈爱；穿吧，一想到母亲身上单薄的衣服，又止不住地心酸。

其实，有些时候，在某些情况下，亲朋之间互相接受对方的赠予和善意，往往也意味着一种给予，因为那是对对方善意的及时回馈。

就侍奉父母而言，老人家吃得舒坦、过得舒心，这是做儿女的最大幸福和安慰。

当然，为了能让父母吃得尽量舒服一些，有些儿女的厨艺也是日渐精进，“熘”和“烩”便是适合展现厨艺的两种烹饪方式。不过，对于“烩”，我们最好不要仅仅理解成把所有的食材简单地放到锅里混合烹炒。

“熘”是一个产生时间比较晚的字，意谓把主料用油炸过或者炒过之后，再加作料和稍微稀一点的淀粉汁勾薄芡，如熘鱼片、熘肝尖、醋熘白菜等等。

“烩”也是一个产生时间比较晚的字，它的基本含义有两种：一种是把食材炒制成熟并调味之后再勾芡，如烩虾仁、红烩牛尾等；另一种是把米饭、面条类的主食和若干种或荤或素的食材混合到一起，加水或汤烹煮，如烩饭、烩面等。

再行一步

另外，还需要注意的是，“熘”和“烩”在古代一些文献中还存在着替代其他字的情况，例如明代文学家冯梦龙所著的《金声巧联》中就记载了一则趣闻：

“一日，佛印往苏家，见夫人纱厨中卧，遂作联云：‘碧纱帐内睡佳人，熘笼芍药。’夫人亦敏捷对云：‘青草池边洗和尚，水浸葫芦。’佛印笑曰：‘和尚得对夫人，喜出望外矣！’”

这则趣闻记载的是苏东坡的好友、僧人佛印和苏夫人打趣的传说。其中，“熘笼”应当是“溜笼”，指的是一种比较精致的鸟笼。

而且到了今天，“溜”在被读作阴平声调的时候，也可以表示“熘”的含义，所以我们在一些餐馆的菜谱中，或者在图书报刊等文献中，常常会看到“溜肉片、溜肥肠”一类字样。可见，“熘”和“溜”从古至今一直存在着相互替代的情况。

相对而言，“烧”和“煨”被用作其他字替身的情况则比较少见，这大概是因为它们本身已经比较常用，而且自身所含的意义也并不单一。

以“烧”为例，它除了“用火燃烧其他事物”的本义之外，很快又产生了“使物体温度升高并产生变化”等其他含义，如“烧水、烧饭”等。再往后，它又可以进一步指“人的体温升高”，比如“发烧、退烧”等。

但是，“发烧友”这种说法却并不代表因生病而体温升高的人，而是指对某项事业或活动非常迷恋、专注的人，即比较狂热的爱好者。因为这些人往往执着而且热情高涨，当他们陶醉在某种爱好中的时候，其言谈、行为和举止总会带上火热的温度，从而能在其四周营造出比较热烈的氛围，于是，他们便被赋予了这样的称呼。

许多“发烧友”在他们所迷恋的领域或事物上，常常持慷慨大方的消费观，而人们对于这类一掷千金、自我炫耀、贪图享受、不计后果的人，也授予了一个称呼——“烧包”。

“烧包”一词从字面看，似乎跟“烧饼”“烧卖”等美食非常类似，颇能鱼目混珠，但实际上，它却与这些食物没有任何关系。

观灯图
宋
李嵩

关于这种说法的由来，有一种解释是，这个词中的“包”指的是讨饭者用来盛装食物的容器，也即他们赖以生存的“饭碗”，如果焚毁了这种容器，则无疑意味着打碎了他们手中的“饭碗”，因此，这便是一种不计后果的举动。

考虑到“烧包”其实原本还有另外一种含义，即祭奠亲人时焚烧的纸钱等物品，而这类被用来寄托哀思的物品不过代表了一种美好的祈盼，并非真正意义上的金钱。因此，这或许也是“烧包”这种说法的另一种来源：因为人们在焚烧冥币时，一来不必在意人为写上去的金额；二来只为寄托哀思，而不会在意客观结果。

人们祭奠亲人，除了烧纸，常常还会焚香、点灯。但“烧灯”一说却又与传统的“元宵节”相关了，这是因为“烧灯”原本就表示点灯，后来则又可以表示灯会，而灯会显然是“元宵节”的重要标志，所以“烧灯”“烧灯节”便成了“元宵节”的代称。例如宋代词人晏几道《生查子》：“心情翦彩[③]慵，时节烧灯近。”

③ 古代正月初七那天，民间有把金银箔或彩帛剪成人或花鸟等图形并用作饰物的传统，所以“翦（剪）彩”便可以指正月初七。

卤 lǔ

腌 yān

腊 là

渍 zì

熏 xūn

“熏”这个字在西周金文里的字形有等，中间部分形似烟囱以及烟囱里的灰烬，最上面的部分像冒出的烟气，而底部则是火的形状。许慎对“熏”的解释是：“火烟上出也”。

南梁文人陶弘景的《许长史旧馆坛碑》中有“兰缸[①]烈耀，金炉扬熏”，写了殿堂中灯火辉煌、香烟袅袅的情景。再如唐代诗人陆龟蒙《相和歌辞·子夜警歌二首》中的“镂椀传绿酒，雕炉薰（同熏）紫烟”之句。

再往后，由“火烟上升”之意，“熏”这个字便又产生出“烟气接触物体”以及“熏制食物”等含义。例如宋代词人蔡伸《浣溪沙》：“夜静拥炉熏督耨[②]，

小篆

隶书

楷书

行书

① 原本作“兰釭”，指以兰膏为燃料的灯烛，也泛指精致的灯具。

② 这个字读作 nòu。原本应作“笃耨”，指一种产于南方的香木，由于其香气浓郁，故可以制作香料。

豳风七月图之穹室熏鼠
宋
马和之（传）

月明飞棹采芙蓉。”这是对在夜深人静时用“笃耨香”熏屋子、在皓月下摇扁舟采芙蓉的生动写照。

还有宋代文人梅尧臣的《和腊前》：“土人熏肉经春美，宫女藏钩旧戏存。”这里的“熏肉”便意谓民众在腊月时熏制肉类并留待来年开春后享用了。

在腊月时把鲜肉制作成便于贮存的美味，这是流传了数千年的民间传统，所以我们今天仍然能够享用到滋味绵长的各种腊肉以及烧腊食品。

但是，“腊”这个字本身却比较复杂，它实际上有两个来源：其一是这种字形原本读作 xī，而且最初的字形就写作“昔日”的“昔”，指经过切分、盐渍

腊

卖腊味
清

和风干等工序的干肉，同时也表示用这种方式进行加工，例如柳宗元《捕蛇者说》中所言“然得而腊之以为饵”；其二则是原本写作“臘”的字形，它最初的含义是农历十二月的盛大祭祀，也就是“蜡祭”，后来，它也因此有了“农历十二月”的含义，即我们现在所说的“腊月”，再往后，它又进一步产生“在冬天经过腌制风干的鱼肉”等义项，而这几种义项最后又都被“腊”字囊括。

腊月祭祀，明显带有年终总结的意

十二月令图轴之十二月
清
唐岱 丁观鹏（传）

味。经过了一年的辛劳，总会有所收获，于是，人们借此机会禀告神灵，来表达感恩之情并祈求来年顺遂。明代官宦、文人李先芳于腊月初八写的《腊日》一诗中就提到了这种祭祀风俗。全诗是：“腊日烟光薄，郊园朔气空。岁登通蜡祭，酒熟醵[3]村翁。积雪连长陌，枯桑起大风。村村闻赛鼓，又了[4]一年中。”

这首诗描绘了腊月时的乡村景象。冬日的乡村，云气稀薄，寒风凛冽，皑皑白雪覆盖着广阔的田野，树叶落尽，万物蛰伏。又到了岁末年初、时序更迭之际，村民们忙着祭神祈福、温酒敬老，村村寨寨中的喜庆鼓声此起彼伏、遥相呼应。

制作腊肉，往往离不开食盐，而“盐”与“卤”则是相生相伴之物。

“卤”这个字甲骨文写作，金文则写作。对于这几种相似的字形，存在两种不同解读：一种意见认为字形描画的

③ 这个字读作 jù，意思是凑钱聚会饮酒。

④ 这里读作 liǎo。

是容器中有盐粒之貌，所以表“盐卤”之意；另一种意见则认为字形犹如土壤表面凝结了盐碱的结晶，所以意谓“盐碱地”。

然而，不论是哪种解读，显然都将“卤”这个字与盐联系起来，因此，它后来便发展出用“盐水加五香调料煮食材”及“用酱油等煮食材”等义项。

另外，由于盐卤的浓稠、味咸等特征，所以“卤”也可指经过调制并且用于烹煮食材或拌食饭菜的浓汁，如“卤汁、打卤面”等等。

与使用卤水浸渍食物之法类似的还有“腌”“渍”等形式。

对于“腌”这个字，许慎的解释是：“渍肉也。”这显然是因为这个字左边的“月”已经明确表示它与肉类相关。明代文学家杨循吉《松江道中纪事》一诗中云：“船将鼓笛具，缶有鹅鸭腌。”船里载有乐器，缸中腌有鹅鸭，看来，这位31岁就因病辞官的文人活得还算洒脱。

后来，“腌”的含义才逐渐扩大到表示用盐、糖等调料腌渍各种食材。例如宋代官员、文人朱敦儒的一首《朝中措》："自种畦中白菜，腌成瓮里黄齑[5]。"还有陆游的《初夏》："翦韭腌荠粟作浆，新炊麦饭满村香。"

"渍"这个字在《说文解字》中的释义为："沤也。"段玉裁在《说文解字注》中则释为："谓浸渍也。"它与美食有关的义项，就是"用盐、糖等腌渍食物"。例如清代才女顾春《定风波·谢云姜妹赠蜜渍荔支[6]有感》："冰雪肌肤裹绛纱，者般[7]滋味产天涯。"

⑤ 这个字读作jī，"黄齑"指咸腌菜。有版本也作表示"藠（jiào）头"的蔬菜植物"薤"，似误。

⑥ 即"荔枝"。

⑦ 即"这般"。

再行一步

于秋凉之时享用蜂蜜浸渍后的鲜美荔枝，想必这顾氏真的是有口福之人。然而在古代许多文人笔下，“渍”却常常与眼泪相关，例如南梁文人刘孝威《都县遇见人织率尔寄妇诗》：“梦啼渍花枕，觉泪湿罗巾。”还有南宋词人黄机的《水龙吟》：“团扇尘生，吟笺泪渍，一觞慵举。”

不过，能够浸渍、浸染其他事物的，除了泪水，显然还有别的液体、气体以及颜料等，甚至也可以是种种抽象的氛围。例如白居易《和梦游春诗一百韵》：“夏梅山雨渍，秋瘴江云毒。”这个“渍”意谓雨水浸润。而唐代诗人骆宾王的《晚泊河曲》：“浦荷疏晚菂[8]，津柳渍寒条。”这里的“渍”，却是被用来描绘寒凉的天气了。再如晚清词人朱孝臧《减字木兰花 二十八首》之一：“雯华月渍，一段苍烟飞不起。”诗句描绘的是五色云彩浸染了月色，沉甸甸的，好似凝滞不动。在梁启超《论小说与群治之关系》中，“而此等小说既已渐渍社会，成为风气”一句，里面的“渍”显然又与某种氛围相关了。

与“浸渍”语义近似的，还有“熏染”等说法，所以，“熏”

⑧ 这个字读作 dì，指的是莲子。

本身也具有并非实际烟熏的“熏染”等含义。例如南宋文人林升那首著名的《题临安邸》：“山外青山楼外楼，西湖歌舞几时休。暖风薰（同熏）得游人醉，直把杭州作汴州。”

林升以景寓意，表面上是写西湖美景、歌舞升平、游人流连，但实际上，诗人的内心却是如石投湖，泛起阵阵涟漪，久久不能平静。他失望于世人贪恋一时享乐，得过且过，却把家国抛之脑后。

诗中的“暖风”既实又虚，兼有“和暖之风”与“表面上的安乐氛围”两种含义。

就“和暖之风”而言，古人常常把这种风称作“熏风”，也作“薰风”，例如明代诗人、书画家、戏曲家、军事家徐渭的《忆潘公》之一：“记得当时官舍里，熏风已过荔枝红。”还有白居易《首夏南池独酌》：“薰风自南至，吹我池上林。”

“薰风”之所以能够表示和暖之风，其原因有二：一是此风乃是初夏时节所吹；二是此风来自南方。

来自南方的“薰风”，依据《孔子家语》等文献可知，它最初与传说中虞舜所唱的《南风歌》有关。这首远古时期的歌谣是：“南风之薰兮，可以解吾民之愠兮。南风之时兮，可以阜[9]吾民之财兮。”

歌谣中的“薰”有“和缓”之意，这是因为这个字本指香草，后来由于其有“香味萦绕”的寓意，所以逐渐又发展出柔和、和缓等含义。

以“薰”来指称香草，这在古代文献中随处可见。例如唐代诗人元稹《阳城驿》：“鼻复势气塞，不得辩薰莸。”其中，“莸”指的是与“薰”意义相对的、气味难闻的臭草，读作 yóu。

“薰”“莸”之对照，一如香与臭、美与丑、清与浊的反差，所以明代文人何景明《咏怀》诗之一中便有：“薰莸不同器，清淆本殊源。”可见香草、臭草，不会同处一器；清流、浊水，其源也有异。

清浊、美丑无疑也同人有关，而如果用之于人，“薰莸”则代表好人和歹人，良臣和奸佞等。例如唐代诗僧寒山就有诗云：“为染在薰莸，应须择朋侣。”他显然是在奉劝世人慎重择友，因为近朱者赤、近墨者黑，如果选对了朋友，自身也会受到良好的熏陶；而如果选错了朋友，可能就会受到不良影响。又如《孔子家语·致思》：“回闻薰莸不同器而藏，尧桀不共国而治，以其类异也。”

⑨ 这个字最初意谓高大的土山，后来又发展出丰厚、充实、丰裕等含义。这里表示丰富。

当孔夫子问子路、子贡和颜回几位弟子有什么志向时，颜回说：我听说香草与臭草不可被放在同一个容器中贮藏，而唐尧和夏桀也不可能共同治理同一个邦国，这是因为他们分属不同的类别。

由此可见，“薰草”确实是美好之物，而更加美好的，或许是人们内心执着追求“薰草”熏陶、熏染的善念。

颜渊像
清
孔继尧

汆

cuān

焯

chāo

灼

zhuó

炸

zhá

炸

“炸”是个多音字，有第二声、第四声两种声调，而且现在这种字形也是比较晚才出现的。

读第四声的“炸”最初的字形写作“炧”。这个字在《玉篇》中被释为“火焰”，在《广韵》中则被解释成“火燃烧的声音”。因此，“炸”后来产生的爆炸、爆破等义项，完全是从其最初的含义中发展出来的，因为但凡爆炸，一定是既有响声，也有火光。

官至礼部尚书的宋代文人晁逈[1]编著的《昭德新编》中有言：“夫注水入瓶者，器渐深则无声；炧炭入炉者，火渐炽则不动。”这句话的字面含义是往瓶里注水，随着液面的升高，注水的声响则会越来

小篆

隶书

楷书

行书

① “迥”的异体字。

放鞭炮 升平乐事图册
清

越小；而在炉中升火，随着火势变旺，煤炭爆裂的响动同样也会越来越弱。

显然，这是句寓意极深、富有哲理的名言。其深层意义可以理解为内涵越丰富、能量越强大的人或事，其表面往往越平静，这恐怕就是所谓的“深沉”或“深藏不露”吧。

读第二声的“炸”，其含义才与烹饪有关，但在

一些汉语方言地区，人们在用普通话表达这种意思时，常会把此字的声调误读成第四声。

“炸”这种字形产生的时间比较晚，而表示把食物放在热油或沸水中弄熟这类烹调方法，更早出现的字形是“煠”。这个字左边的“火”表示字的意思与火或者用火加热有关；右边的“枼”②表示字的读音与它接近，因为“煠”也有 yè 这种读音，意谓火光。

② 这个字读作 yè，本义为草木的叶子，后来亦指薄木片等。

“煠”最初用于烹饪方法时，其所需借助的除了热油，还包括沸水。例如明人李一楫在其所辑的《月令采奇》中录苏轼之言：“百滚油铛里，恣把心肝煠。”还有唐代诗人皮日休的长诗《吴中苦雨因书一百韵寄鲁望》：“或蒸一升麻，或煠两把菊。”

正因如此，“煠”也与表示把食物放到开水里略煮的“渫③”相通，例如北

③ 这个字在古代是个多音字，主要读作 xiè，表除去、疏通之意。读 zhá 的时候，除了有烹饪的含义，还是古代一条河流的名称。

魏农学家贾思勰的《齐民要术》中言："作胡荽菹[4]法，汤中渫出之"。

而稍晚出现、现在却成为常用字的"炸"，则只承接了"煠"的部分含义，其中表示"使用沸水加工食物的方法"之意也仅仅保留在汉语的某些方言里。但它原本还有"通过淬火而使金银器物重现光泽"的含义，例如在《红楼梦》第三十五回中，薛蟠对宝钗说："妹妹的项圈我瞧瞧，只怕该炸一炸去了。"

当然，"炸"现在的常用义是用温度较高的油烹制食物，如"炸鸡、炸酱、炸油条、炸花生米"等等。而用沸水略煮食物这类烹饪方式，如今则多用"汆"或"焯"来表示。

"汆"这个字由"入"和"水"构成，含义清晰，就是把东西放进水里。但是，它也是出现时间比较晚的一个字。按照《广韵》等古代文献中的记载，它是由含义为"烧火做饭"与"锅灶"的"爨"字分化出来的。而且，它后来的意义也比较单一，即表示把食物放进沸水里稍微煮一煮，例如"汆丸子、汆白肉、汆萝卜汤"等。

道统五祖像 周武王
宋
马麟

④ 这个字读作 zū，指腌菜、酸菜等。

“焯”虽然也表示把食物放进沸水里略煮，但它和“汆”在本质上却存在着显著差异。

首先，作为烹饪方法，“汆”是一种把食材等直接加工成菜品的方式；而“焯”只是烹制菜品中的一个准备步骤，是整个加工过程中的一个环节。

其次，“焯”这个字的产生时间要比“汆”早得多，先秦时期的一些文献中已经有了相关的用例。《尚书·周书·立政》中有言：“焯⑤见三有俊心”。这里的“焯”读作zhuō，是这个字最初的读音，此字意谓明亮、明显，后来也引申出照耀、烧灼等含义。对于《立政》篇中这句话，唐代孔颖达在《尚书正义》中作疏曰：“……文王、武王能用求贤审官之事。桀恶，所以兴成汤；纣恶，所以开文武。……灼然见三有贤俊之心，用之皆得其人。言明其德也。文、武知此三宅三俊，故能敬事上天，称天心也；立民正长，合民心也。”

《立政》篇中的“焯”在有些版本中也写作“灼”，可见这两个字意思相近，在古代也存在着通用的现象。

“灼”的本义就是烧灼，后来又发展出了照亮、明亮、明显等义项。例如唐代诗人卢纶《卧病寓居龙兴观枉冯十七著作书知罢摄洛阳赴缑氏因题十四韵寄冯生并赠乔尊师》："灼龟炉气冷，曝药树阴稠。"我们通过这两句诗，明显可以看出病榻上的诗人心情不佳，觉得诸事不顺，因为他在烧灼龟壳时，却不巧遇到了奄奄一息的炉火，在曝晒药材时，浓密的树阴又遮住了太阳。再如明代诗人刘基《次韵和石末公红树诗》："春草凄迷金谷障，夕阳照灼赤城霞。"这里的"灼"显然已表照亮、明亮之意了。

⑤ 也有版本作"灼"。

"灼"作为一种烹饪方法，源自珠江三角洲，这种方法与"焯"十分相似，也是把荤素食材放到开水中略煮，然后捞出。但与之不同的是，"灼"过的食材已是成品，只需浇上调料或佐以蘸料，就可以直接享用了，例如"白灼生肠"、"白灼芥蓝"等。

再行一步

“灼”这种烹饪方法虽然具有地域性饮食文化色彩，但就这个字本身而言，它在古代就已经产生了被温度很高的水“烫伤”的含义，例如北魏郦道元的《水经注》：“泉源沸涌，浩气云浮，以腥（据陈桥驿《水经注校证》，‘腥’字或为‘生’字之讹）物投之，俄顷即熟。其中时有细赤鱼游之，不为灼也。”文中所写的汤泉能够在顷刻间烫熟生肉，但奇妙的是，有一种红色小鱼却能够自由自在地在热水中游来游去而不会被烫伤，可见其耐高温的生物特性是多么强大。

正是由于“灼”已经具有了“烫伤”的含义，所以后来便被用来表示在沸水中烫熟食材的一种烹饪方式。

“灼”这个字虽然确实与火、高温具有天然的、本质上的联系，但由于火光亮、耀眼的特性，所以它后来也经常被用来形容事物明亮、鲜艳的状态，尤其被用于那些色彩红艳的事物。例如《诗经》中的名篇《桃夭》：“桃之夭夭，灼灼其华[6]。”艳光夺目、纷繁粲然的桃花缀满枝头，真是生命萌动的春之意象。

当然，大千世界，明艳动人的事物绝不仅限于粉面红装的

⑥ 这里是“花”的意思，读音也是 huā。

桃花图
清
恽寿平

山水花鸟图册之菊花
清
恽寿平

桃花，也不全然囿于春意盎然的时节，例如唐代萧颖士《菊荣一篇五章》："采采者菊，芬其荣斯。紫英黄萼，照灼丹墀[7]。"还有南梁诗人沈君攸《咏冰应教[8]诗》："日华照冰彩，灼烁自相明。"可见，秋菊、寒冰也都是华彩灼灼的自然之物。

另外，与"灼"含义相近、也有明亮之意的"焯"，在古代诗文中也多有用例，例如唐代文学家吴少微《和崔侍御日用[9]游开化寺阁》："渐出栏榥[10]外，万里秋景焯。"题目中的"崔侍御"指的是唐代官员崔成甫，这两句诗的大意是崔氏踱出栏槛窗阁之外，将辽远、明朗的秋景尽收眼底。

宋代欧阳修曾作《获麟赠姚辟先辈》，诗中有："焯哉圣人经，

⑦ 这个字读作 chí。丹墀指的是古代宫殿前涂成红色的台阶或台阶上的空地。

⑧ 两个字在这里都读去声，意思是魏晋以降文人应诸王之命而唱和的诗文。

⑨ 这里的意思是日常、平日等。

⑩ 这个字读作 huàng，意为窗棂，也指读书床等。

孔子圣绩图 西狩获麟
明
仇英画 文徵明书

照耀万世疑。”这是一首称颂宋代散文大家姚辟的作品，诗题中的“获麟”指的是鲁哀公十四年时猎获麒麟的掌故，相传孔子作《春秋》至此而辍笔，因此“获麟”一词后来也被用来喻指著作的绝笔。欧阳修此诗说的是自孔圣人辍笔之后，其经典虽彪炳后世，为后人开蒙解惑，可是其思想精髓也往往被后人误读、误解，遍览之下，只有姚辟守中持正，能够领悟孔夫子的主张与精神，而且能够准确地向世人阐释、解读圣人的经典。

在欧阳修看来，人的思想显然也是可以发光、发亮，并照亮人世的。

不过，联想到孔夫子曾说的“饮食男女，人之大欲存焉”，我们不妨认为，孔夫子虽然是一代思想巨人，但他老人家也坦承“饮食”亦是人的意愿和本能，所以，与孔子“焯然”流世的思想相得益彰的，“焯”恰好在后来也与美食扯上了关系。而与“焯”含义相近的，还有一种烹制美味的方法——“涮”。

“涮”这个字最初表示一边摇动一边冲洗，也表示一般的洗涤，例如宋代曾主持科举考试却有受贿丑闻的宋白，他的《宫词》诗中即有言：“白莲亭下柳垂丝，正是春波涮马时。”

后来，“涮”这个字又产生了把薄肉片等食材放在滚水里烫一下，再取出来蘸作料吃的含义，如流传至今的“涮羊肉”“涮火锅”等名吃。

据传，这种烹制美味的方式源自元世祖忽必烈。他在率军南征时，有一天想起了家乡的美味“清炖羊肉”，无奈军情紧迫，厨师只得飞刀切下十多片薄肉，放在沸水里搅拌几下，待肉色一变，马上捞入碗中，撒上细盐，请他享用。不承想，这一无心之举却成就了现在遍布大江南北的各种“涮火锅”。

削 xiāo

刻 kè

片 piàn

切 qiē

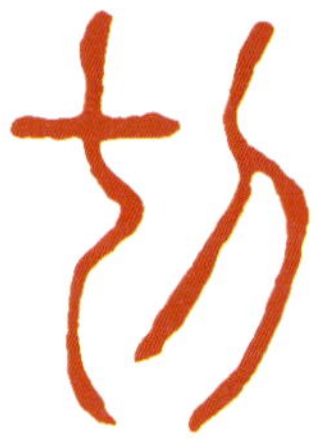

按照《说文解字》中的释义，“切”左边的“七”表示字的读音与它接近，右边的“刀”表示字的意思与刀相关。许慎在此处使用了本身表“切割”之意，但现已罕用的“扌[①]”字。

许慎对字义的解释固然正确，但是他对字形的解读却存在一定问题。这是因为，“切”字左边的“七”在甲骨文里原本写作十等，在后来的金文以及春秋战国时期的秦简、楚简里面，也有与此近似的字形。许多文字学家对这种字形的考据结论是，此字意谓切割物体，所以他们认为“七”正是“切”最初的字形。

因此，“切”左边的“七”不仅与其字音相关，而且还是其字义的源头。

小篆

隶书

楷书

行书

① 这个字读作 cǔn。

太平风会图 局部
元
朱玉（传）

“切”是加工食材时必不可少的一个步骤，大厨们手中的刀完全可以同制作工艺品的家什媲美。无论是斩成大块的肉类，还是切得细若发丝的“文思豆腐”，它们都是在大厨们娴熟的刀工之下幻化而成的。

在大文豪、美食家苏东坡笔下的一阕《乌夜啼（寄远）》中，就有“更有鲈鱼堪切脍”之句。

北宋词人李之仪也填过一首《雨中花令》，其中

有“看取刀头切藕。厚薄都随他手”两句。这两句朴素直白的话，看似意谓把藕切成或厚或薄的片，但实际上，从整首词看，词人表达的却是抛却功名、恬淡生活的志趣，因为就连这简单寻常的切藕之举，也都是厚薄随意，不较劲、不纠结。

把藕切成片，这是烹制莲藕之前的准备工序，其实“片”这个字也有“用刀横切成薄片”的意思，如“片烤鸭、片生鱼片”等等。

不过，“片”在甲骨文里有或这两种反转相对的写法，虽然对于这类字形的含义，人们持“一分为二后的木板”与“床榻一类卧具”等不同看法，但显然都认为它与木材有关。而且，它最初表示的是木材这类特定事物，后来又表示一切扁而薄的东西，再往后，还产生了“用刀切成薄片”这样的动作性含义。

宋代李孝美撰写过《墨谱法式》一书，

在论及煮胶方法时，有一句“片割著[②]釜中”。这里的“片”还不具有行为动作的含义，而是表示“割”的具体方式，实际上也可以看作是“割”的结果，即切割成片状。

而要把材料加工成片状，还有一种加工方式，叫作“削”。

“削”这个字的情况比较复杂，原本读作 xuē，后来又产生了 xiāo 这个读音，但这两种读音在意思上并无分别，都表示用刀斜着片割，并在后来又发展出除去、减少等含义，只是该字在读作 xuē 时，专门用于“削弱、削减、剥削”等词语中。

名中带“削”的美食，最典型的，可能莫若山西名吃“刀削面”了。

另外，我们根据《说文解字》等古代工具书可知，“削”这个字还有 qiào 这种读音，指刀剑的套，与如今常用的“鞘”相通，例如西汉扬雄《方言》[③]：“剑削。自河而北燕赵之间谓之室，自关而东或谓之廓，或谓之削。”

还有，当它读作 shào 的时候，在古代则又表示帝都周边王公大臣的封地。例如《周礼·天官》中的“四曰家削之赋”，即指士大夫私家封地的赋税。

当然，“削”与刀剑的关系还是最紧密的。例如清代郭庆藩在其《庄子集释》中辑录唐代成玄英疏云：“既削刻为牛，又加青黄文饰……”将“削”“刻”连用，表示了制作牛形祭器时的刀工技法。

“刻”这种方法在制作食品中的作用有限，一般只是用于加工摆盘时所用

② 在这里读作 zhāo，意思是搁进去。

③ 该书原名《輶轩使者绝代语释别国方言》，后世多简称《方言》。

错银铜牛灯
东汉

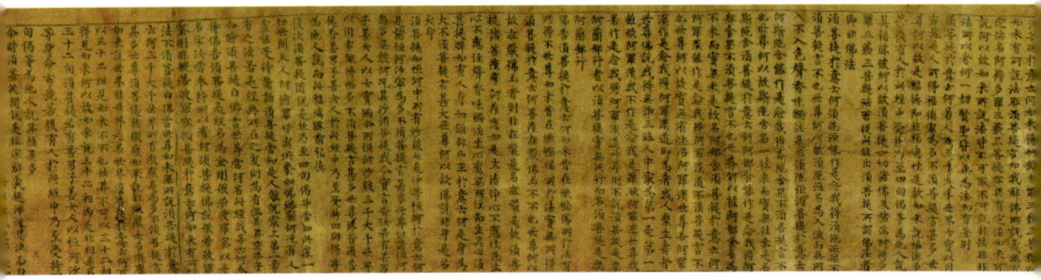

的装饰，比如“刻萝卜花”等。

但是，“刻”这个字产生的年代却十分久远，在先秦两汉时期的器物、竹简上，我们便已得见它的身影。它最初的含义就是雕刻、刻镂等，例如南梁文学家、史学家萧子显《日出东南隅行》：“明镜盘龙刻，簪羽凤凰雕。”还有唐代诗人孟浩然《寒夜张明府宅宴》：“列筵邀酒伴，刻烛限诗成。”

这种通过在蜡烛上刻出标记来计时作诗的意趣还真是具有《七步诗》的遗风呢。

其实，“刻”字表计时之意的历史已经非常悠久，例如白居易的《紫薇花》：“丝纶阁下文书静，钟鼓楼中刻漏长。”“丝纶阁”是古代撰拟朝廷诏令的地

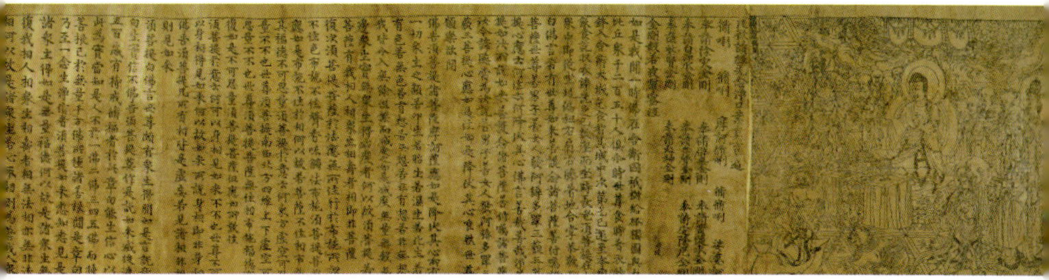

《金刚经》刻本
唐

方，所以肃穆而安静；而“刻漏”原本指古代的一种计时装置，在这句诗里代指时间。因此，诗句透露出的，是诗人翰苑生涯的清静与恬适。

青铜器之牛尊

再行一步

“刻漏”在许多古代文献中，往往也被写作“漏刻”，例如唐代诗人王维《奉和圣制十五夜燃灯继以酺[4]宴应制》：“上路笙歌满，春城漏刻长。”诗句中的“漏刻”指的应当是白昼的时长，因为伴随着春天脚步的到来，白昼也会渐渐变长。

当然，白昼开始变长的转折点显然是尚处隆冬季节的冬至，那时的大自然正经受着严寒的考验。但在这万物萧疏的严冬时节，也有“正是橙黄橘绿时[5]”的美景。

南宋文人刘克庄就有一首《初冬》，诗中写道：“叶浮嫩绿酒初熟，橙切香黄蟹正肥。”这坛中刚刚酿成的美酒似乎与“绿蚁新醅酒[6]”如出一辙，而黄绿相间的香橙也与苏东坡《赠刘景文》一诗中的描画相仿。

但是，诗句中的“切”却并非意谓切割橙子，这里的“切”读第四声，表接近之意。因此，“橙切香黄”的大意是橙子将要变得亮黄并散发出浓郁果香了。

“切”表接近之意，这其实与它切割的含义具有十分紧密的内在联系，因为要切割东西，刀锋自然要迫近该物，所以，

④ 这个字读作 pú，意思是欢聚饮酒。
⑤ 引自苏轼《赠刘景文》。
⑥ 引自白居易《问刘十九》。

所谓“迫切”，刻画的正是一种急迫地想要接近某个对象或达到某种目的的心理状态。

我们现在经常说的“一切”，其源头同样来自“切”最初的切割之意。东汉史学家、文学家班固《汉书·平帝纪》中有一句：“一切满秩如真。”句中的“秩”指的是官员的俸禄，“真”则意谓官员试用期满之后转成的正式职务。按照汉初惯例，官员在试用期内所能领取的俸禄不足转正后的一半，而汉平帝则打破了这种成规，在他治下，只要是在位官员，不论是否处在试用期，一律领取全俸。

唐代经学家、史学家颜师古在注释《汉书》的时候，对“一切满秩如真”中的“一切”是这么解读的：“一切者，权时之事，非经常也。犹如以刀切物，苟取整齐，不顾长短纵横，故言一切。”显然，他认为所谓的“一切”就如同以刀切物，因为一刀下去，参差不齐的诸多事物都会被处理得整齐规则，所以“一切”就具有了“涵盖全部”的意味，相当于“一律”。

一个看似普通的切割动作，在经过演绎之后，竟然能够发展出这么丰富的内涵，以致白居易《琵琶行》“大弦嘈嘈如急雨，小弦切切如私语。嘈嘈切切错杂弹，大珠小珠落玉盘”中的“切切”，是那么动听、美妙。

和“切”颇具异曲同工之妙的是，一种原本也是单纯表示切削行为的“削”，其意义的演变同样让人觉得美不胜收。例如《孔雀东南飞》云：“指如削葱根，口如含朱丹。纤纤作细步，精妙世无双。”这天生丽质、仪态万方的女子，实在令人心动、爱慕，只是天妒红颜，佳人薄命，也着实让人慨叹造化弄人。

诗句中的“削葱根”，指的是女子晶莹水润的纤纤玉手，亦有“削葱”的说法，例如唐代诗人元稹《春六十韵》：“启齿呈编贝，弹丝动削葱。”

尽管“削葱”可以表示女子的一双玉手，但“削足适履”可就与美无缘了，而且这其中还含有愚昧的意味。

此外，“削肺”一说可能就更令人有些丈二和尚摸不着头脑了，因为我们都知道，古代显然还不具备实施肺部切除手术的技术与条件。

然而，在《颜氏家训》中，却有这么一段话，“《后汉书·杨由传》云：‘风吹削肺。’此是削札牍之柿[7]耳。古者，书误则削之。”所以，“削肺”的确是我国古代就已存在的一种说法；而且，这里所谓的“削肺”并不是指切削人的脏器，而是指切

⑦ 这是个多音字，在这里读作 fèi，意思是砍削木材时产生的木片、木屑等。

削木材、简牍时，从上面掉下来的碎片。我们通过查阅《说文解字》可知，由于当时还没有出现“柿”这个字，所以班固便使用了“削肺”这种说法，而更容易被大家理解的“削柿”一说，则是后来才出现的。

还有，这种碎木片在古代的一些文献中，也有被写作“削哺”的情况。

琵琶美人图
明
吴伟

包
bāo

擀
gǎn

摊
tān

“擀”这个字左边的“扌”表示字的意思与手的动作有关；右边的部分是“干活”的“干”的繁体字形，表示字的读音与它接近。在《类篇》《广韵》《集韵》等多部古代工具书中，“擀”的含义都被释为“用手把东西抻开、弄平整”，后来，又有了“用某种工具来回碾压其他东西”的含义，例如宋代文人孙光宪《北梦琐言》：“王蜀时，有赵雄武者，众号‘赵大饼’……每三斗面擀一枚，大于数间屋。”

如此巨大的面饼，真不知道当时的人们使用的是何种炊具制成的。

除了做饼，制作其他如面条、饺子、包子等一类面食时，一般也都需要使用

小篆

隶书

楷书

行书

端阳故事图册之裹角黍
清
徐扬

擀面杖来擀面剂子。清代文人李渔在《闲情偶寄》里就记载过一种名为“五香面”的调料的制作方法：“五香者何？酱也，醋也，椒末也，芝麻屑也，焯笋或煮蕈[1]、煮虾之鲜汁也。先以椒末、芝麻屑二物拌入面中，后以酱、醋及鲜汁三物和为一处，即充拌面之水，勿再用水。拌宜极匀，擀宜极薄，切宜极细。然后以滚水下之，则精粹之物尽在面中，尽勾②咀嚼，不似寻常吃面者，面则直吞下肚，而止咀咂其汤也。”

这样的面条，听着就让人馋涎欲滴。

但如果擀的不是用来制作面条的面片儿，而是做饺子、包子等面食的面皮儿，那就涉及“包”这个制作环节了。

“包”这个字在春秋战国时期的秦简里被写作，后来在汉简里也有形状与之近似的字形。按照古今大多数文字学家的解释，这种字形最初意谓胎儿在母亲腹中或胎衣之中，所以这个字就有了“包裹”的意义。唐代诗人白居易《桥亭卯饮》：“就荷叶上苞（同包）鱼鲊③，当石渠中浸酒瓶。”用荷叶包裹鱼肉，在溪水中浸泡酒瓶，充分体现了诗人野炊、野饮的乐趣。

元末明初诗人杨基的《荷叶》一诗中，

① 这个字读作 xùn，指一类生长在树林或草地的高等菌类，有些可食用，有些却有毒。

② 在这里读作 gòu，与“够”相通，“足够、能够”之意。

③ 在这里读作 zhǎ，指一种用盐和红曲等腌渍的鱼。

亦有“溪友裁巾帻，墟人作饭包”之句，同样呈现出浓浓的乡野情趣。

作为一种制作美食的方法，“包”在烹饪领域可谓是大展拳脚，除了包饺子、包包子、包粽子，还有肚包鸡、纸包鱼以及各式菜包饭等等。

另外，由于“包”还可以用作名词，所以小笼包、莲蓉包、生煎包等一系列面点，自然也就成了餐桌上的常客。甚至连一些根本就没有任何馅料的西式点心，也仅仅由于其形状类似包裹，所以也一并被称作“面包”了。

还有一种立春时的节令食品——春卷，它的制作过程也离不开“包”的环节。然而，这种面点的皮儿，却并不像饺子皮儿那样是擀出来的，而是把比较黏稠的面糊倒在平锅一类的炊具中，用文火摊烙而成。

“摊”这个字左边的“扌”表示字的意思与手的动作有关，右边的“难”表示字的读音与它接近。五代宋初的徐铉校订的《说文解字》中，对收录的“摊”字的释义是“开也”，即展开、铺开之意。

由此可见，“摊”是汉代之后才出现的一个字，

攤

树下读书图轴
明
吴伟

例如杜甫写给儿子的《又示宗武》中，有“觅句新知律，摊书解满床”一句。这诗句字面上虽是写诗圣自己吟诗读书的寻常生活，实际上却暗含着勉励子女勤奋读书、切莫虚度光阴的良苦用心。

而在明初诗人袁凯的七言诗《归来》中，“摊书”就更有“读书”这样的显

山窗读书图轴
清
王翚

豁含义了："濯足每嫌秋岸冷，摊书还趁夕光微。"趁着落日余晖，抓紧时间阅读书卷，这样的求知精神的确值得后人学习、仿效。

其实在古代诗文中，以"摊书"表示读书之意的，还有很多用例，像清代文人李良年《次韵王西樵司勋春夜兼书别思》："窗斜竹影摊书坐，风细林柯隔幔听。"还有清代诗人吴伟业《梅村》："闲窗听雨摊诗卷，独树看云上啸台[4]。""摊诗卷"即指读诗，而"上啸台"则来自"竹林七贤"之一的阮籍的典故，意谓吟诵诗文。

当然，在美食爱好者看来，"摊"这个字所表示的把糊状原材料倒进锅里，摊成薄片的这种意思，才是勾起人们食欲的妙处所在，像那一片金黄中点缀着点点葱绿的摊鸡蛋，或隆冬清早时，上班族手中冒着热气的摊煎饼……

④“啸台”的遗址在今河南省开封市尉氏县。

九擀图 墨法集要
明
沈继孙

再行一步

“摊鸡蛋”，又称“摊黄菜”，这种别称本源于南方的某些地区，例如清代梁恭辰《北东园笔录三编·讳不知》中，“又问：‘别有佳者乎？’答曰：‘摊黄菜何如？’”再如端木蕻良《遥远的风沙》：“呔，拿来，摊黄菜大点油。”

中国幅员辽阔，一些相同或相似的食物，在不同地区依旧能体现出种种差异，而且有些差异还不仅停留在名称上，食物本身的制作方法往往也是大同而小异。比如正月十五的节令食品“元宵”和“汤圆”，前者是“摇”出来的，而后者则是“包”制而成。

但是，“包圆儿”这种说法却又同美食完全无关了，它是流行于某些地区、意谓把全部或剩余的货物一齐买下的一种说法。例如：“他们把库存的几十箱柑橘都包圆儿了。”后来，这种说法也用来表示全部担当之意，例如：“您家的这点活儿，我们包圆儿了。”

需要注意的是，不带“儿话音”的“包圆”却仍指一种美食。这种美食属于客家菜系，是江西省宜春市铜鼓县的一种特色面点，也是家家户户准备年夜饭与招待贵宾时不可或缺的食品。它的做法与饺子相似，但外皮却是由去皮、捣烂的芋子[5]再加红薯粉糅合而成的。

饺子也好，“包圆”也罢，它们之所以能成为传统节日的标志性食品，除了它们自身馅料丰富，味道鲜美之外，其众人参与的制作过程也是一个十分重要的因素。众亲友围在一起，互帮互助，乐在其中。可以想见，这面皮中所包裹的，显然已经不仅仅是各色美味的馅料，还有太多浓浓的情意。

宋代诗人刘子翚[6]曾作五言诗《食蛎房[7]》，诗中有“包涵知海量，长[8]养荷天德”两句，其大意是：从牡蛎硬壳中孕育的生命体上，人们可以窥知大海宽博的器量，而这些生命体的生长、发育，也受惠于上天衍育万物的恩德。

正是由于“包涵”具有“包容”等实际含义，所以这个词语也可以进而表示抽象意义上的“包容”，例如南宋文人王炎《题韦同年聚远阁》：“我尝观洞庭，水与天相连。流光浮玉镜，万象皆包涵。”这几句诗使我们不禁联想到唐代诗人刘禹锡《望洞庭》中的“湖光秋月两相和，潭面无风镜未磨”，以及杜甫《登岳阳楼》中的“吴楚东南坼，乾坤日夜浮”。所谓的“流光浮

⑤ 指芋母上长出的子芋。

⑥ 这个字读作 huī，本义为疾飞。

⑦ 指在礁石上簇聚而生的牡蛎。也指牡蛎的壳或肉。

⑧ 读作 zhǎng。“长养”的含义是抚育培养，或者表示长大、生成之意。

玉镜，万象皆包涵”，一来呈现了月光下洞庭湖清辉潋滟的景色，二来也描绘出作者想象中的包蕴了天地万物的洞庭湖水的外在形象。

再如《朱子语类》中所言：“《易》最难看。其为书也，广大悉备，包涵万理，无所不有。”意谓《周易》最难读懂，其内容广博丰富，包罗万象。

与此同时，“包涵”后来也经常被用来形容人的心胸开阔、大肚能容。例如《老残游记》第四回中：“宫保说，不中吃，请铁老爷格外包涵些。”还有现在我们经常说的“礼数不周，务请多多包涵”等等。

从某种意义上说，当“包涵”“包容”等词语的抽象含义被用于形容人的时候，它们就被赋予了一种“担当”的意味，这和“包圆儿”所表示的“承当、承担”等含义，在本质上是完全一致的，只不过它们更多地意味着心理范畴上的承受。

从另一个角度看，由于“摊”后来又发展出“分摊、分派”等义项，如晚清林则徐《林文忠公政书》甲集卷三《江苏奏稿》中的《筹挑刘河白茆河以工代赈折》云：“分作八年，按亩摊征。”因此，如果站在被摊派方的立场，那么，在有些情况下，“摊”

潇湘八景图之洞庭秋月
元
张远

其实也意味着承担或承受，近代名医、小说家陆士谔在其《清朝秘史》中即言："中国既照头等国摊费，自应照头等国接待"。

其实，在某些情况下，"摊点儿钱"或许算不了什么，而"摊上事""摊上病"，或者"摊上个糟糕的合作伙伴"，才真的是让人抓狂、难于应对，甚至欲哭无泪。更加可怕的是，如果真的陷入了这样的困境，花钱恐怕也是无济于事的。

所以，有能力、有担当，并因此而被委以一定工作任务的人，应该感到庆幸和光荣。

图书在版编目（CIP）数据

饮食字传．烹制篇 / 张一清著．—济南：山东友谊出版社，2019.1

ISBN 978-7-5516-1807-6

Ⅰ．①饮… Ⅱ．①张… Ⅲ．①汉字－通俗读物 Ⅳ．① H12-49

中国版本图书馆 CIP 数据核字 (2019) 第 025759 号

图书策划：姜海涛
责任编辑：陈　菁　王　苑
装帧设计：姜海涛　安树仁
内文插画：知更鸟插画生活馆

主管单位：山东出版传媒股份有限公司
出版发行：山东友谊出版社
地　　址：济南市英雄山路 189 号　邮政编码：250002
电　　话：出版管理部（0531）82098756
　　　　　市场营销部（0531）82098035（传真）
印　　刷：山东临沂新华印刷物流集团有限责任公司
版　　次：2019 年 4 月第 1 版
印　　次：2019 年 4 月第 1 次印刷
规　　格：135mm × 185mm　32 开
印　　张：7.375
字　　数：133 千字
定　　价：42.00 元